KB107437

구한말 사대부들의 편지

취음(翠陰) 권중면(權重冕) 엮음

하영휘(河永輝) 역주

책미래

엮은이 : 취음(翠陰) 권중면(權重冕, 1856-1936)

조선의 문인(文人). 본관은 안동(安東)으로 고려말 양촌(陽村) 권근(權近), 조선 임진란의 명장 충장공 권율(權慄)의 자손이다. 자(字)는 치경(致經), 호(號)는 취음(翠陰)이다. 1895년 출사하여 1900년 내부(內部) 판적국장(版籍局長), 1901년 평산군수, 1903년 중추원 의관, 법부(法部) 검사국장, 한성재판소 판사, 비서원승(秘書院丞) 등을 역임하고 1904년 정3품 진도군수가 되었다. 1907년 능주(화순)군수로 재직 중 7월 20일 고종황제가 폐위되자 관직을 버리고 다시는 세상에 나오지 않았다. 1916년 계룡산 북쪽 기슭 신소(莘沼)로 이거(移居), 계곡의 구곡(九曲)을 구룡(九龍)으로 설정하고 각 구비마다 시문(詩文)을 새겨 놓았다. 유고로 서간집《양몽구독(梁夢舊牘)》,《구독부여(舊牘附餘)》,《구독습유(舊牘拾遺)》등과 시문집인《경지당미정초(景止堂未定草)》가 있다.

역주자 : 하영휘(河永輝)

1954년 경남 의령 출생. 부산고등학교를 졸업하고, 서강대학교 사학과에서 학사, 석사, 박사 학위를 받았다. 조선시대의 고문서, 간찰, 일기 등의 연구에 뜻을 두고, 태동고전연구소에서 3년간 한문을 배웠으며 아단문고에서 고서와 고문서를 정리하고 연구했다(1989~2006). 태동고전연구소에서 한문과 초서를 가르쳤고(2000~2013), 현재 성균관대학교 동아시아학술원 부교수로 재직 중이다. 저서로《양반의 사생활》(푸른역사, 2008)과《옛편지 낱말사전》(공저, 돌베개, 2011)이 있고, 역서로 경남대학교 데라우치문고의 서첩들을 번역한《한마고전총서》2~15, 14책과《근묵(權墨)》(성균관대학교출판부, 2009) 등 다수가 있다.

권중면이 받은 편지를 모아 만든 서간첩(書簡帖)들

취음(翠陰) 권중면(權重冕, 1856~1936) 선생 부부의 구한말 사대부 관복 모습

해제

하영휘(성균관대 동아시아학술원 교수)

1. 이야기를 시작하며

이 책은 권중면(權重冕: 1856~1936)이 받은 서간(書簡) 세 첩을 번역한 것이다. 세 첩의 이름은 《양몽구독(梁夢舊牘)》, 《구독부여전(舊牘附餘全)》, 《구독습유건(舊牘拾遺乾)》이다. 모두 편지 104점과 시 7수가 실려 있다. 각 첩의 이름에 '구독(舊牘: 옛 편지)'이라는 말이 들어간 것을 보면, 받은 편지를 모아 두었다가 세월이 흐른 후에 첩으로 만들었다는 것을 알 수 있다.

이 첩들이 권중면이 만든 첩의 모두는 아니다. 《구독습유》에 '건(乾)'을 붙인 것을 보면, 원래 건(乾), 곤(坤) 두 첩으로 만들었는데 곤(坤) 첩은 없어졌다는 것을 알 수 있다. 그리고 첩 이름에 '부여(附餘: 남은 편지를 붙이다)', 또는 '습유(拾遺: 빠진 것을 모으다)'라고 한 것을 보면, 이 첩들을 만들기 전에 훨씬 더 많은 첩을 만들었다는 것을 알 수 있다.

당시는 종이가 귀하던 시절이라, 신문지, 한지, 벽지, 장판지, 부대종이 등 갖가지 종이로 표구되어 있지만, 꼼꼼하고 정성스레 만들었다. 또 이 첩에는 권중면의 도장이 많이 찍혀 있는데, 그의 생활, 생각, 사상을 표현한 문구들로 그 의미는 대략 다음과 같다.

완월(玩月: 달을 완상함), 황양몽(黃粱夢: 꿈같은 세월), 경지당장(景止堂藏: 경지당 소장. 경지당은 권중면의 당호인데, '景止'는 큰길을 간다는 뜻), 영가세가(永嘉世家: 안동의 오래된 집안), 권중면인(權重冕印: 권중면의 이름), 일일청한일일선(一日淸閒一日仙: 하루가 맑고 한가로우면 하루가 신선), 분향묵좌소견세려(焚香黙坐消遣世慮: 분향하고 조용히 앉아 세상 걱정을 삭이네), 산래명리천극간(算來名利天極間: 명리와 천도 사이를 헤아리네), 욕광복전수평심지(欲廣福田須平心地: 복전을 넓히려면 모름지기 마음을 평온하게 가져야), 다독서소설화(多讀書少說話: 독서를 많이 하고 이야기를 적게 해야), 낙정(樂靜: 평정을 즐김), 수연(隨緣: 인연따라), 백운중(白雲中: 흰 구름 속. 은퇴하여 돌아간다는 뜻), 쾌락동편창(快樂東便窓: 동쪽 창의 쾌락), 처덕치경(處德致經: 덕을 행하고 경서를 공부함), 영가권중면인(永嘉權重冕印: 안동 권중면 도색), 위선최락(爲善最樂: 착한 일을 하는 것이 가장 큰 즐거움), 광행음질상격창궁(廣行陰騭上格蒼穹: 음덕을 널리 행하면 하늘을 감동시킴), 일삼성오(日三省吾: 매일 세 가지를 스스로 반성함), 취잉(翠仍: 권중면의 또 다른 호), 차경차시차의(此境此時此意: 이곳, 이때, 이 뜻), 취잉전기(翠仍賤記: 취잉의 편지), 작사수순천리출언요순인심(作事須順天理出言要順人心: 일을 할 때는 모름지기 천리를 따르고, 말을 할 때는 반드시 인심을 따름), 몽각병(夢覺丙: 꿈 깨인 자정), 양류풍오동월파초우매화설(楊柳風梧桐月芭蕉雨梅花雪: 버드나무에 부는 바람, 오동나무에 비친 달, 파초에 내리는 비, 매화에 내리는 눈).

이 편지들을 읽고 이해하는 데 참고할 수 있도록, 수신자 권중면을 간략하게 소개하고, 각 첩에 설명을 가한 후, 각 편지의 발신자, 수신자, 연월일, 사연, 주요 낱말 등으로 표를 만들어 붙인다.

2. 취음(翠陰) 권중면(權重冕)

권중면에 관하여는 아들 권태훈(權泰勳)[1]이 쓴 간결한 묘비문이 있다.

"취음 선생 묘비문

공주 계룡산 아기봉(牙旗峰) 아래 서남쪽을 바라보는 언덕이 통정대부(通政大夫: 조선조 문관의 정3품 당상관 품계) 행(行) 능주(綾州: 전남 화순)군수 안동 권중면(權重冕) 공의 무덤이다.

공의 자는 치경(致經), 호는 취음(翠陰)이다. 이조(李朝) 고종(高宗) 을미년(1895)에 늦게 벼슬길에 올라 10여 년간 서울과 지방의 관직을 두루 역임하고, 을사조약을 만나고는 친형과 형제의 의리를 끊고 다시는 나라 일에 뜻을 둔 적이 없었다. 경술국치를 당하여 마침내 자연 속에 물러나 날마다 시부(詩賦)로써 스스로 즐겼다. 공의 시구 "옛길엔 향기로운 풀이 많고/ 무릉도원엔 꽃이 절로 붉네[古道多芳草 武陵花自紅]"는 읊는 사람이 많다. 성품이 담담하고 강직하며, 풍채가 맑고 밝으며, 언행은 반드시 신중하며, 가정생활과 처세는 온화함과 강인함이 모두 지극하여 각각 그 마땅함을 얻었다.

고려 태사(太師) 행(幸)이 시조이다. 이조(李朝)에 들어와 벼슬이 계속 이어졌는데, 문충공 근(近)과 충장공 율(慄)이 두드러진 선조이다. 증조(曾祖)는 승지공 기(紀), 조(祖)는 참찬(參贊)공 경호(景祜), 고(考)는 증가선대부 규장각제학 헌(憲)이다. 생고(生考: 생부)는 찬정공 홍섭(弘燮)이다. 공은 철종 병진년(1856) 11월 15일 태어나 국치(國恥) 후 병자년(1936) 12월 14일 졸(卒)했으니, 향년 81세이다. 기축년(1949) 4월 본 자리에 이장했다. 배필은 경주 김씨인데, 미덕으로 칭송되었다. 아들은 태훈(泰勳), 손자는 영조(寧祖), 증손자는 오중(五中)과 오윤(五允)이다. 나머지는 다 기록하지 않는다.

단기 4309년 병진(1976) 2월 불초자 태훈이 삼가 짓다."

---

1) 권태훈: 1900~1994년. 민족운동가. 선도인(仙道人). 한의사. 유불선 삼교에 박통하였고 애국지사 나철 선생의 가르침을 받아 일찍이 민족종교 대종교에 입교하였다. 만주 북로군정서 김규식 장군 독립군 부대에서 무장항일투쟁을 하였으며, 상해임정 김구 주석의 국내연락책으로도 활동하였다. 1984년 소설《단(丹)》의 실제 주인공으로 알려지며 민족전통사상인 선도(仙道)와 단군사상을 현대에 부흥시키려 노력하였다. 대종교 총전교, 유도회 이사장 등을 역임.(출전:《한국민족문화대백과사전》)

권중면은 1895년 출사하여 1900년 내부(內部) 판적국장(版籍局長), 1901년 평산군수, 1903년 중추원 의관을 거친 후, 법부(法部) 검사국장(檢事局長), 한성재판소 판사, 비서원승(秘書院丞), 시종원(侍從院) 시종, 고등재판소 판사, 법원 비서관 등을 역임하고, 1904년 12월 11일 정3품 진도군수가 되었다. 1907년 1월 29일 능주(綾州)군수가 되어 재직하던 중 7월 20일 고종황제 폐위사건이 났다. 아들 권태훈에 의하면, 당시 권중면 부부는 이 소식을 듣고 대성통곡하였는데, 부인이 아들을 껴안고 "임금이 욕을 당하면 신하는 죽어야 마땅하므로[君辱臣死] 자결하려 했지만, 외아들인 너를 두고 차마 죽지 못했다. 너는 이것을 알아라."고 했다 한다.

1910년 한일합방 후 권중면은 서울에서 충북 영동읍 금리(錦里)로 낙향했다가, 이듬해 영동읍 남당리(南堂里)로 이사했다. 그리고 1916년 11월 계룡산 끝자락 충청남도 공주시 반포면 상신리로 깊숙이 들어갔다.

상신리에 은둔한 후 권중면은 시를 지으며 소일했는데, 동학사의 만우(萬愚) 스님과도 시로써 교제했다. 다음 구절을 보면, 당시 권중면의 모습을 그려 볼 수 있다.

"태극암(太極巖) 아래 '居然我泉石[편안한 나의 자연]' 다섯 자를 새기고 나서 읊다.

一十七年棲碧山 십칠 년간 푸른 산에 깃들이며
煙霞水石我其間 연하와 수석, 그 사이에 내가 있네"
《취음선생시선》 제32수)

이 은둔의 의미를 권태훈은 다음과 같이 말한다.

"나의 선고(先考)께서 계룡산의 신야(莘野)에 들어오신 지 21년 만에 하세(下世)하시었다. 이 동천(洞天)에 구곡(九曲)을 만드시고 동구(洞口)에 각(刻)하기를, '신야춘추(莘野春秋), 도원일월(桃源日月)'이라 하여 말년의 은둔을 표(標)하시었다. 구곡(九曲: 아홉 계곡)을 모두 용(龍)자로 명명하시고 구룡조천(九龍朝天: 아홉 용이 하늘로 올라감)이라 하시어, 도학(道學)의 성공을 일방(一方)으로 의미하시었다."《구룡조천》《취음선생시선》》

권중면은 일찍이 시작(詩作)활동을 활발히 했다. 진도군수로 가기 전인 1904년 6월~11월에 그가 시우(詩友)들과 지은 시를 모은 《구우연고(舊雨聯稿)》라는 시집 두 권이 남아 있다. 그리고 수우회(須友會)라는 시사(詩社)를 결성하기도 했다. 다음은 권중면이 받은 수우회의 통지문인데, 조직적인 활동을 엿볼 수 있다.

"수우회 제1회 과제(課題)는 희우(喜雨: 단비). 한 사람당 칠언절구 두 수씩. 정한 운자(韻字)는 동운(東韻)의 풍(豊), 동(同), 옹(翁).
다음 회부터는 과제와 운자는 각 간사(幹事)가 찬정(撰定: 지어 정함)한 것을 추첨으로 결정하겠음. 단, 과제는 시사(時事), 행정(行政), 권업(勸業), 민풍(民風) 등을 위주로 하고 화조(花鳥), 풍월(風月), 산수(山水)는 때에 맞게 정함.

　　　권중면 앞"

　권중면이 살았던 시기에는 갑신정변, 갑오농민전쟁, 갑오경장, 을사보호조약, 고종의 폐위, 한일합방 등이 숨 가쁘게 연이어 일어났다. 그는 그야말로 격변의 시기 한가운데 살았던 것이다. 고종이 폐위당하자 그는 벼슬을 버렸고, 나라가 망하자 낙향했고, 이어서 계룡산 자락에 은둔하여 자연 속에서 시를 지으며 살았다. 격변기에 그가 살았던 삶도 조선시대 마지막 사대부의 한 전형이라고 할 수 있다.

3. 세 간찰첩의 내용

1) 《양몽구독(梁夢舊牘)》

　편지 41통이 실려 있는데, 1901~1912년에 주로 지방 수령일 때 받은 편지들이다. 발신인, 수신인, 연월일 등이 밝혀져 있어, 세 첩 중 편지의 양식이 가장 잘 갖추어진 첩이다. 첩의 이름 '양몽(梁夢)'은 다음의 고사에서 온 말이다.

　　당나라 개원(開元) 연간에 노생(盧生)이 한단(邯鄲)의 여관에서 도사(道士) 여옹(呂翁)을 만났다. 노생이 여옹에게 신세타령을 하자, 여옹이 짐 속에서 베개를 찾아 노생에게 주면서, "이것을 베면 부귀영화를 뜻대로 누릴 것이다."라고 했다. 그때 마침 주인이 기장밥을 짓기 시작했고, 노생은 베개를 베고 잠이 들어 꿈속에서 부귀영화를 실컷 누렸다. 그리고 깨어 보니 기장밥은 아직도 다 익지 않은 상태였다. 노생이 괴이하게 여겨 "꿈이었군요?"라고 하자, 여옹이 "세상일도 그와 같단다."라고 했다.(심기제(沈旣濟), 《침중기(枕中記)》)

　외세의 침략 속에 하루가 다르게 급변한 세월이, 지나고 보니 한바탕 꿈처럼 아련했을까? 산골에 은둔하여 살며 지난날 벼슬살이 시절의 편지를 펼쳐 놓고 간찰첩을 만들던 권중면의 마음을 짐작할 만하다.

　이 첩에 편지가 7통 실려 있는 이병화(李秉和)는 권중면의 사돈이다. 그의 딸이 권태훈과 결혼했는데, 병약한 딸을 시집보낸 아버지의 마음이 편지의 사연에서 역력히 묻어난다. 그 딸은 결국 요절했는데, 32번 편지는 탈상을 기다릴 것 없이 아들을 재혼시키라고 하며 사돈에게 보낸 것이다. 그리고 일본인 산본금태(山本金太)가 보낸 23번 편지가 이색적이다. 그는 상인이었던 것으로 보이는데, 목포에 있으면서 진도군수 권중면의 도움을 받고 일본에 돌아가서 감사의 편지를 썼다.

표 1)《양몽구독》

	발신자	수신자	연월일	사연	주요 낱말
1	權用國	權重冕	1901/08/25	돈 받는 일	上納條 就緖 捧錢 原告 被告
2	權用國	權重冕	1901/11/29	尹某事	開尹 尹某事 妥貼
3	李乾夏	權重冕	1901/08/15	許性을 두호	嘉排 士人許性 喝問 曲護
4	李乾夏	權重冕	1901/02/11	위토 문제	另夾 相機另旋 位土 另念
5	李乾夏	權重冕	1901/02/05	아전을 두호	退吏 釐正 收刷 曲護
6	李容翊	權重冕	1901/07/28	金進士 雪冤	錄紙 金進士良濟 納書 悖習 嚴懲 雪冤
7	尹喆圭	權重冕	1901/09/09	주둔 비용	沁隊 出駐旅費 推尋 支過 兵丁 區劃
8	黃祐永	權重冕	1901/02/05	향장 임명	東陽 千字文 同族一派 流落 鄕長 差任
9	趙天植	權重冕		비문을 받고	勇退 邊致騷擾 針氈 碑文
10	李容愚	權重冕	1906/02/23	나무 부탁	略箇松楸 玉山一麓 童濯
11	李容愚	權重冕	9월 18일	행정 쇄신	沃州 棠岳 刷新 謦聾 訓飭調停
12	權五翊	權重冕	1906/09/14	편지 전달	扇子 書簡 郵便 轉便 看檢 秋收 老洞
13	李容愚	權重冕	1906/05/29	문안 편지	攬時 火傘 毷擾 羅尾 別曲
14	李在正	權重冕	1905/04/29	아전 두호	民務 郡吏金允源 親緊 庇護
15	李在正	權重冕	11월 4일	徵稅主事	朗吏 邑務 稅主事曺友 相議
16	閔建鎬	權重冕	1906/03/17	부임 인사	治聲 替書 公務 落拓 信褫
17	金商燮	權重冕	6월 22일	명창 소개	莞吏 才人金聖燁 名唱 賣喉爲業 招入
18	安基鉉	權重冕	1906/10/11	사건 처리	務安尹 信便 視篆 鄭申兩漢事 李召史
19	趙重觀	權重冕	1906/09/19	세정 이양	金陵守 權限減削 稅政 數葉官報新聞
20	李章鎔	權重冕	1906/06/28	행정 변화	冠山吏 院訓事 度支 防報 警署
21	金商燮	權重冕	1907/02/11	丹藥 처방	馬津 直狀 省節 移官 杜召 仙方
22	閔慶鎬	權重冕	1905/05/16	문안 편지	木浦歸 閔主事 美赴 麥秋 新聞 伯氏台監
23	山本金太	權重冕	1907/02/17	감사 편지	日本 駄病歸國 毗護 萬里李杜 貴下
24	李峻奎	權重冕	1907/07/22	依願免職	南平吏 朝報 依願 治行 昌皮
25	權重瓚	權重冕	1907/07/27	의원면직	鎭衙 鎭南郡 涯角 變革之日 蓴鱸
26	洪在夏	權重冕	4월 20일	문안 편지	伯氏大監 腫患
27	洪在夏	權重冕	1912/01/28	伯氏 喪事	參尉 伯氏戚兄主喪事 趨慰
28	金聲漢	權重冕	1907/07/18	각 군 회의	各郡會議 珍島事 郡主事
29	李秉和	權重冕	1911/08/04	문안 편지	閤患 年事
30	金宇鉉	權重冕	1907/06/17	명산의 논	敎事 藍丞 家信 命山畓事 作人 司敗
31	權泌	權重冕	15일	초대	恩資 耋社 肅拜 齋洞南判書家

32	李秉和	權重冕	8월 9일	아들의 재혼	胤郞 續絃 関期 良閨 德門
33	睦源學	權重冕	1909/01/03	문안 편지	堤川吏 川休 定宅
34	李秉和	權重冕	1911/10/17	시집간 여식	女息書 抖擻 新聞 淸朝風雲 侍奉
35	李秉和	權重冕	1912/01/20	문안 편지	燧改 閤患 親癠 輪感 刀圭 片楮
36	李秉和	權重冕	1911/12/15	철도부설	胤郞 赴校善課 輪感 敷設鐵路 票木
37	李秉和	權重冕	윤 28일	송씨 농장	車場 濕疾 泄痢 宜藥 仰屋 宋庄事
38	李秉和	權重冕	1911/05/09	만나러 감	舍役 所謂女息 委遭 産朔 分娩 胎陳
39	金聲漢	權重冕	1907/05/25	관찰사 도임	光參 署務 初手 京電 新使
40	金聲漢	權重冕	1907/05/24	관찰사 도임	京電 新使 淸州鄕第 到任
41	李峻奎	權重冕	1907/05/17	박학래 保放	南平吏 朴鶴來 保放

2)《구독부여전(舊牘附餘全)》

실린 편지가 38통이다. 날짜와 수신자를 쓰지 않는 편지가 많다. 1번 윤용구(尹用求)[2]의 편지는 권중면의 아들 권태훈에게 보낸 것인데, 권태훈이 자기에 대하여 스스로 '시생(侍生)'이라고 칭하는 것에 대하여 "다음에 글을 주고받을 경우에는, 반드시 나를 '윤 판서 숙장(尹判書叔丈)'이라고 칭하고 자네는 스스로 '의질(義姪: 의조카)'이라고 칭하는 것이 마땅하네. 우리 두 집안의 정의(情誼)가 여타 평범한 붕우(朋友)들과는 다르기 때문이네."라고 했다. 2번 편지는 권중면이 평산군수였을 때 받은 것으로 보이는데, 악한 김명석(金明錫)의 악행을 낱낱이 말하고 있어 당시의 사회상을 엿볼 수 있다.

들으니, 김명석(金明錫)이 무고하는 소장을 귀 소(所)에 올린 것으로 인하여 문화(文化)의 이경집(李敬執) 3
숙질(叔姪)이 상급관청에 압송되기에 이르렀다고 합니다. 이 일의 전말은 제가 철저히 환하게 압니다. 소위(비하
하는 말) 김명석과 전중구(全仲求) 같은 놈들은 문화 읍에서 유명한 흉악한 괴수입니다. 전후로 죄 없는 백성들
을 해치고 한 고을을 쑥대밭으로 만든 죄가 하늘에 이르고 땅끝까지 가득하다고 할 수 있습니다. 이경집 4숙
질의 경우에는 더욱 혹독한 화를 당하여, 지금 죽어서 골짜기에 버려지는 것밖에는 여지가 없게 되었습니다.
김가의 여러 무리가 부를 끼고 권력을 빙자하여 온갖 잔꾀로 그 고을과 서울에 부탁하여, 똘똘 뭉쳐서[인결(蚓
結)] 사람을 해치는데[역사(蜮射)] 못하는 짓이 없습니다. 그래서 제가 해주부(海州府)에 있을 때 여러 방법으로
부억(扶抑)하여 김가 놈을 잡아 가두고 사유를 갖추어서 법부(法部)에 보고하기까지 했습니다. 김가 놈이 끝내
탈옥하여 도망가서 (하결)

2) 윤용구: 1853~1939년. 본관은 해평(海平). 구한말의 유명한 문신, 서화가. 예조, 이조판서 역임. 경술국치 후 일제가 남작을 수여했으나 거
절하고 은둔함.

표 2)《구독부여전》

	발신자	수신자	연월일	사연	주요 낱말
1	尹用求	權泰勳	1930/01/12	글씨 부탁을 받고	義叔 賢座 侍生 義弟 義姪 情誼
2		權重冕		惡漢 金明錫	誣訴 禍魁亂首 蚓結蜮射 扶抑
3	金嘉鎭	權重冕		부탁에 대한 답장	立嗣禮 撫棗 另狀
4	鄭顥哲			족보 편찬	錦注 家譜 收單 譜所 壓視
5				연회 음식	一壺酒 魚肉 居中
6	李根英		1911/09/22	조카를 부탁하며	誼弟 鄙姪 客地 諸般事 愛護
7	申泰休			승진 축하	恩資 栢悅 陞秩 榮感
8	趙晉奎		9월 12일	시를 받고	襟袍 靈犀 霜鐘 知遇 木石人 狂人
9	閔慶鎬	權重冕	1905/09/01	농장 관련 청탁	簿務 日課 主台家庄 寃徵錢 租 督捧
10	尹相朝	權重冕	1911/09/06	농장 마련	南芝庄 另力圖之 芳隣
11	萬累弟	權重冕		珍島離任 送別詩會	期會 珍人 餞飮會 詩會
12	南廷奎			빚 청산 문제	債款 淸賬 延期
13	尹德榮	權重冕	1901년	진휼 문제	平山太守 賑糶 廣糶 餓莩
14	○鶴圭			책을 돌려주며	感應篇 舊法 預言書
15	李承麟			지시를 받고	五味 回行
16	朴齊璿			청탁을 받고	大寮 秘課長 局課長 委員
17	權重奭	權重冕		外職을 축하하여	外除恩命 支過 盼望
18	權在允	權重冕	1901년	평산군수 축하	平山恩除 晉賀 所崇
19	鄭淳珏			지시를 받고	下敎 壹度 休神
20	鄭志鉉			壽筵詩를 보내며	壽筵一詩 居唐集 軒輊
21	鄭志鉉			시첩을 받고	欠和 絃弧 盛帖
22	金商洙			화양동 유람	華陽行 行囊 措處
23	金商洙			바다 구경	卯君 經學 觀海 觀許 瓊章
24	孫秉輝		무○1012	증명서 발급	省役 證明書 信遞
25	○鶴圭			문안	血症
26	沈相翊			문안에 대한 답장	恩命 舊寮生
27	南廷奎			수확량	踏驗 證明書
28	南廷奎			증명서 발급	證明 新式
29	南廷奎			부탁을 받고	淸夢
30	金演局			문안 편지	小春 洛旆

31	李斗用		6월 20일	문안 편지	答唁 莘岩 作詩 奠接
32	睦源學		12월 4일	조문 편지	喪事 刀圭
33	朴遇用			청탁 문제	允玉 寺洞 畿察 面托
34	李秉和	權重冕	1913/01/18	문안 편지	燧改 程度 女婚
35	林淵相			詩作 공부	水滸傳 詩集 韻玉 預備
36	李容漢		3월 2일	은거할 곳	湖雲 儒城 歸田 朴桂根 奠居
37	李憲卨		7월 1일	시를 받고	瓊汁 萬愚追悼詩 絶唱
38	金商洙			약속 확인	學徒 洪喬 有約

3)《구독습유건(舊牘拾遺乾)》

대부분 상신리로 들어가고 나서 받은 편지들로, 모두 25통이다. 상신리에서는 집에 서당을 열고 제자들과 함께 공부하고 시를 지으며 소일했다. 편지에 동봉된 시가 6통인 것으로 보아, 시우들과 활발하게 교류했다는 것도 알 수 있다. 그러한 상황을 다음 편지가 말해 준다.

지난달 보내신 편지를 받고 여태 답장을 미루다가, 태만함을 스스로 반성했습니다. 지금 봄볕이 화창한데 형의 기력이 좋으시며, 제자들도 봄옷이 완성되어 기수에서 목욕하고 무우에서 바람 쐬겠다는 증점(曾點)의 탁월한 뜻과 다르지 않을 것 같아, 우러러 송축하며 아울러 몹시 부럽습니다.

저는 늙은이의 회포와 가난의 탄식에다 몰려드는 근심과 번뇌를 해소할 길이 없으니, 무슨 말할 만한 일이 있겠습니까?

보내 주신 경장(瓊章) 11첩(疊), 장조(長調) 4수[결(闋)], 도적(圖籍) 한 폭을 하나하나 읽으니, 황홀함이 마치 구름을 헤치고 하늘을 보는 듯 상쾌하여 속세의 갑갑함이 한 점도 없이 말끔히 사라졌습니다.

서언(緒言: 머리말)으로 말하면, 차한(此漢: 이놈)에 관한 사실을 쓴 것이 평범함을 훨씬 벗어나고 또한 깨우치는 점도 없지 않으니, 깊은 사랑과 두터운 덕이 아니면 어찌 이렇게 마음을 쏟으실 수가 있습니까? 그러나 이놈은 어리석고 완고한 들소라, 채찍을 참으며 일어나지 않는 본성입니다. 무슨 수가 있겠습니까? 일일이 표구하여 걸고 본보기로 삼겠습니다. 세상 천하의 더없이 귀중한 보물일 뿐 아니라, 구구절절 마음에 새겨진 감동을 생전에는 감히 잊지 못할 것이며 가문에 대대로 전하는 보물로 삼겠습니다.

또 아드님의 시도 전아하고 청신한 것이 어찌 이렇게 격조가 높습니까? 그 부형 밑에서 실로 그러해야 마땅하겠지만, 전에는 알지 못한 것입니다. 좋은 자손만한 것이 없다고 했는데, 형은 걱정이 없다고 할 수 있습니다.

신암(莘岩) 이사문(李斯文)의 고아한 정취와 높은 품격은 익히 듣고 존경한 지 이미 오래 되었습니다만, 지금 이렇게 아름다운 글을 줄 줄은 몰랐습니다. 지극한 맑음이 우러러볼 만할 뿐만 아니라, 감사하는 마음이 진실로 깊습니다. 지금 답하는 인사를 써서 봉투에 넣어 동봉하니, 심부름꾼을 시켜 전해 주시기 바랍니다. 삼가 이만 줄이고 편지를 올립니다.

1925년 삼짇날[上巳] 제(弟) 김영훈(金永薰) 올림.

표 3) 《구독습유건》

	발신자	수신자	연월일	사연	주요 낱말
1	개성유수	權重冕		도적의 석방	兵站 賊匪 取招 大隊 張太平 暗放
2	權丙輝		1919/11/09	집 사는 일	實記 夜騷 同隣
3	金商皓	權重冕	1910/09/29	문안	仁川警察署 警務
4	金永薰	權重冕	1916/12/01	산골생활	汽笛 新寓 香園 杞菊 吾道 團欒
5	趙晉奎	權重冕	3월 2일	책을 돌려주며	龜峯集 還書一痴 權翠陰宅韻
6	趙晉奎	權重冕	3월 22일	시를 보내며	張春谷 香山鑛物
7	金永薰	權重冕	1924/03/23	시를 보내며	焚硯 鼎器 東岡 杞菊 麟抱
8	權泰鳳	權重冕	1923/11/07	陵齋首任	圭復 陵齋首任 出處 行藏 宗中 加額 續貂
9	具羲書	權重冕		萬姓譜 편집	萬姓譜 卷帙 粧潢
10	金商洙	權重冕	무○ 3월 18일	紅流洞 여행	經學 搬移 建齋 上樑文 紅流洞 鷄山
11	金永薰	權重冕	1922 중복	조문 편지 받고	變怪 夭逝 誄文 哀辭 輓辭
12	金商皓	權重冕	1910/07/05	巡査 임명되고	巡査任命 軍事郵便 借名 無料
13	金商洙	權重冕	9월 23일	함께 놀고 헤어져	鶴寺 朴亭 蓮窩 伊院 別詩
14	金永薰	權重冕	1918/08/27	시를 보내며	耳聾 肩痛 便血 喉痰 胸腹痛 錦城 探賞 呼草
15	權泰鳳	權重冕	1923/10/15	陵齋首任 문제	陵齋首任 宗約所 宗宅 十円 郵便
16	李憲卨	權重冕	1924/05/08	시를 보내며	前韻十首 胎呈 斤敎 卄韻
17	李建星	權重冕	2월 22일	문안 편지 받고	糊口 塵寰 斧斤 鞭策 匠石園 白樂廐
18	李魯轍	權重冕	1925/04/19	讚行文寶 편집	聲華 趨摳 讚律 讚行文寶 印刷 序文
19	金永薰	權重冕	1925/03/03	여러 시를 받고	十一疊瓊章 四関長調 一幅圖籍
20	李憲卨	權重冕	8월 10일	시를 보내며	愚谷 羇窓 萍水奇緣 賦三十韻
21	金商洙	權重冕	기○1218	서울 행차	遭製 叩盆 洛駕 翹首
22	孫彰根	權重冕	1902/09/08	금전 납부	郵便 尺文 上納 淸帳
23	李憲卨	權重冕	정월 초하루	문안	瀉症 藥餌 感嗽 詩家
24	申泰璉	權重冕	1917/01/02	시 비평	翠陰詞伯 斧鉞 還鄕過歲 新蓂 仙庄十景
25	孫秉煒	權重冕	정○1212	증명서	証明書 賭條棉花時直 登高 時勢

4. 이야기를 마치며

19세기 말~20세기 초는 역사적으로 큰 전환기였고, 그만큼 중요한 시기라고 할 수 있다. 그러나 등잔 밑이 어둡다는 말이 있듯이, 그 시대의 자료는 의외로 많지 않다. 오히려 18세기나 19세기 전반보다 남은 자료가 적다고 할 수 있다. 그래서 우리는 조선 전통사회와 외세 침입의 접점에 살았던 사람들의 모습을 잘 모른다. 외세의 직접적인 영향을 받기 전 그들의 모습은 어떠했을까? 외세와 부딪치기 시작했을 때 그들은 어떻게 반응했을까? 외세의 통치하에서 그들은 어떻게 살았을까? 이런 것들을 우리는 구체적으로 모르는 것이다.

용케 남은 이 첩들이 그러한 갈증을 해소하는 데 딱 맞는 자료다. 백여 통 남짓한 이 편지들을 읽어 보면, 그 당시 사회의 다양한 모습이 그림처럼 그려진다. 재판소, 세무서, 경찰서가 만들어져 지방 수령의 권한이 분산되고, 지방에 대토지를 소유하고 마름을 통하여 관리하는 중앙 고관의 이야기가 있고, 고을을 무대로 날뛰는 무법자가 있고, 빚을 독촉하거나 부채에 시달리는 이야기가 있다. 하나 더 부언할 점은, 백여 년 전 조선 사대부의 가식 없는 글씨가 고스란히 남아 있다는 것이다. 이들이 모두 조선의 마지막 사대부들이고 그들의 글씨가 그 시대를 반영하고 있다는 점에서 의미가 있다. 그 중에서도 동농(東農) 김가진(金嘉鎭: 1846~1922)과 석촌(石村) 윤용구(尹用求: 1853~1939)는 글씨로 이름이 있었던 인물들이다.

구독습유(舊牘拾遺) 건(乾)

양몽구독(梁夢舊牘)

- 꿈같은 옛 편지들

1. 권용국(權用國)

向日仰覆 想應府覽矣 伏惟比來令政體萬旺 上納條 間有就緒之道否 仰溱且慮
實不淺尠 宗生當此秋務 一直役役 就 金川好賢面居宋泰淵 卽積年緊切之客 而
有所捧錢於貴郡各人處 年來屢訴 終不刷捧 事係當報當捧 情甚矜悶 故玆仰陳
原告擧訴之日 卽爲捉囚被告 期於嚴懲督捧 無使殘民向哭之境 如何如何 餘不
備 謹候

　　　陰八月廿五日 宗生 用國 二拜

| 편지 좌측 상단 도장 玩月(완월: 달을 완상함), 黃粱夢(황양몽: 꿈같은 세월) |

　전날 보내드린 답장은 보셨으리라 생각합니다. 요즘 행정 중의 안부는 평안하시며, 상납조(上納條)[1]는 그
사이 잘 되는 방법이 생겼는지요? 궁금함과 걱정이 실로 적지 않습니다. 종생(宗生)은 추수철을 만나 한결
같이 바쁘고 힘들 뿐입니다.

　다름 아니라, 금천(金川: 황해도 금천군) 호현면(好賢面)에 사는 송태연(宋泰淵)은 여러 해 동안 저와 아주
절친한 사람입니다. 귀 군 사람들에게 받을 돈이 있는데, 몇 년 전부터 누차 고소해도 끝내 주지 않습니다.
마땅히 갚아야 하고 마땅히 줘야 하는 일인데, 인정상 몹시 딱하고 걱정스럽습니다. 그래서 이렇게 말씀드리
니, 원고가 고소장을 내는[擧訴] 날 즉시 피고를 잡아 가두고 반드시 엄하게 혼을 내고 독촉하여 받게 함으
로써, 잔민(殘民: 잔약한 백성)이 우러러 곡하는 지경에 이르지 않게 하시기 바랍니다. 나머지는 이만 줄이고
삼가 편지를 올립니다.

　　　음력 8월 25일 종생(宗生)[2] 권용국(權用國)[3] 올림.

---

1) 상납조: 지방 고을에서 조정에 바치는 공물을 비롯한 각종 부담.

2) 종생: 종씨 어른에 대하여 자신을 이르는 말.

3) 권용국: 본관은 안동. 무과 출신으로 1882년 별군직에 임용되어 여러 무관직을 거친 후, 1899년 6월부터 1903년 8월까지 개성부윤 자리
　에 있었는데, 이 편지와 다음 편지는 1901년 그가 개성부윤 때 평산군수 권중면에게 보낸 것이다.

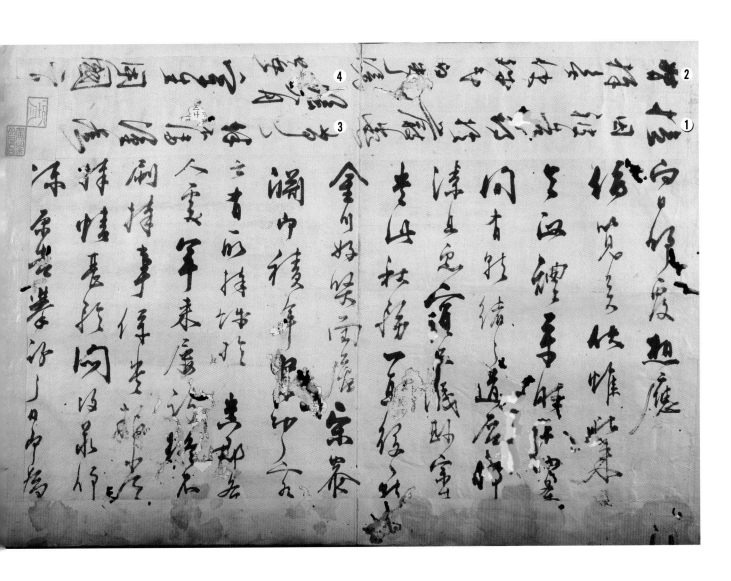

向日仰覆想應
府覽矣伏惟惟比來
令政體萬旺上納條
間有就緒之道否仰
漆且慮實不淺尠宗生
當此秋務一直役就
金川好賢面居宋泰
淵卽積年緊切之客
而有所捧錢於 貴郡各
人處年來屢訴終不
刷捧事係當報當
捧情甚矜悶故玆仰
陳原告舉訴之日卽爲

❶ 捉囚被告期於嚴懲
❷ 督捧無使殘民向哭之境
❸ 如何如何 餘不備 謹候
❹ 陰八月廿五日 宗生 用國 二拜

2. 권용국(權用國)

(봉투 앞면)　　　此呈

　　　　　東陽 政執 回納(평산군수 앞)

(뒷면)　　　　　　開尹謹夏(개성부윤 부침)

全校之來 卽拜惠翰 慰荷慰荷 謹審雪冱 令體爲政萬旺 仰慰且頌 宗下感祟眼眚
纏身爲苦 悶人何喻 就 尹某事 尙未妥貼 甚涉悶菀 其細瑣事狀 都在於全校口告
不必長提 而尹某期於命送 使之從速妥決爲希 餘姑不備 謹謝候
　　　宗下 用國 拜夏 陰至月卄九日

| 좌측 상단의 도장 景止堂藏(경지당장: 경지당 소장. 경지당은 권중면의 당호堂號, 경지景止는 큰길을 간다는 뜻)
　永嘉世家(영가세가: 안동의 오래된 집안), 權重冕印(권중면인: 권중면의 이름) |

전교(全校)[4]가 와서 보내신 편지를 받으니, 아주 위로가 되고 감사합니다. 눈 내리는 추위에도 행정 중에 영감의 안부가 평안하신 것을 아니 위로가 되고 또 송축드립니다. 저는 감기와 눈병으로 괴롭고 걱정스러울 뿐, 무슨 할 말이 있겠습니까?

다름 아니라, 윤모(尹某)의 일이 아직 해결되지[妥貼] 않아 몹시 걱정스럽고 답답합니다. 그 자세한 사정은 모두 전교가 직접 자세히 말할 것이므로 길게 늘어놓을 필요가 없겠지만, 윤모를 기어코 명하여 보내어 그로 하여금 속히 타결하도록 해 주시기 바랍니다.

나머지는 이만 줄이고 삼가 답장을 올립니다.

음력 11월 29일 종하(宗下)[5] 용국(用國) 절하고 답함.

---

4) 전교: 성이 전 씨인 군교(軍校).

5) 같은 집안의 손아래라는 뜻으로 자신을 겸손하게 표현함.

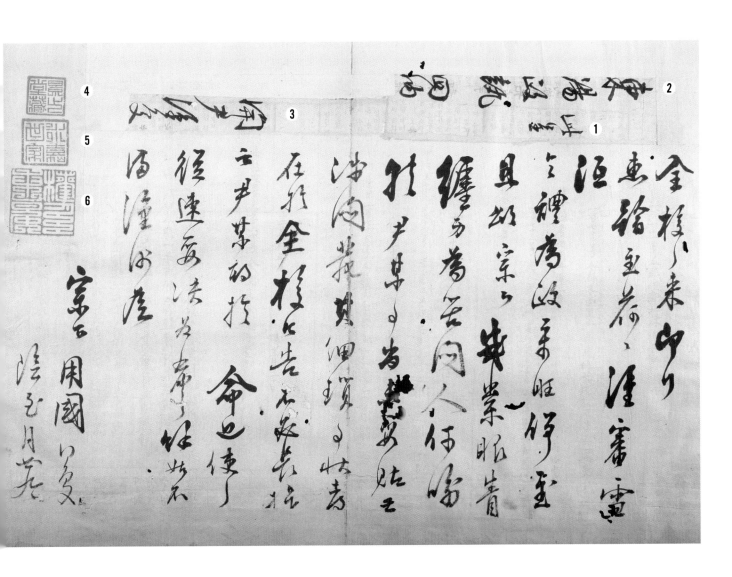

全校之來卽拜
惠翰慰荷慰荷謹審雪

沍

令體爲政萬旺仰慰
且頌宗下感祟眼눈
纏身爲苦悶人何喩
就尹某事尙未安貼甚
涉悶菀其細瑣事狀都
在於全校口告不必長提
而尹某期於 命送使之
從速妥決爲希餘姑不
備謹謝候

　　宗下　用國　拜夏
　　陰至月廿九日

3. 이건하(李乾夏)

(봉투) 平山 令政執**6** 入納(평산군수 앞)

　　　壽典 謹椷(수전 부침)

伏維嘉排良辰 令政體萬旺 公務不甚爲惱 區區仰頌 弟式日擾滾巳耳 就悚 治下
積巖面位洞居士人許性 卽自來緊切人也 其文華拔萃 雅操出群 幸卽遣吏喝問 另
邀款接 隨事曲護 俾有實效 生此臉色 切仰切仰 餘爲此姑不備上

　　辛丑 秋夕日 弟 李乾夏 二拜

　한가위[嘉排] 좋은 시절에 영감의 안부가 평안하시며, 공무도 심히 괴롭지 않으시지요? 우러러 송축합니다. 저는 매일 바빠 허둥댈 뿐입니다.

　말씀드리기 죄송하지만[就悚], 치하(治下: 다스리는 경내) 적암면(積巖面)**7** 위동(位洞)에 사는 사인(士人) 허성(許性)은 전부터 절친한 사람[緊切人]으로, 문장이 뛰어나고 절조가 출중합니다. 즉시 아전을 보내어 문안하게 하고 따로 초대하여 후하게 대접하고 일이 있을 때 자상히 두호하시어 실효를 거두게 하심으로써, 제 체면을 살려 주시기를 간절히 바랍니다. 나머지는 이만 줄이고 편지를 올립니다.

　1901년 추석날 제(弟) 이건하(李乾夏)**8** 올림.

---

6) 영정집: 영(令)이나 집(執), 모두 상대방을 높여 이르는 말

7) 황해도 평산군 적암면

8) 이건하: 1835~?년. 본관은 전주. 문과에 급제하고 요직을 두루 거쳤다. 1899년 내부대신 때는 울릉도 개척에 힘썼다.

伏維嘉排良辰
令政體萬旺公務不甚爲惱
區區仰頌弟式日擾滾已耳
就悚 治下積巖面位洞
居士人許性卽自來緊切
人也其文華拔萃雅操出
群幸卽遣吏喝問另邀
款接隨事曲護俾有實
效生此臉色切切仰仰餘爲此
姑不備上
　辛丑 秋夕日 弟 李乾夏 二拜

平山 令政執 入納 一봉투
壽典 謹椷 一봉투

4. 이건하(李乾夏)

(봉투) 平山 令政執 入納

内大[9] 謹函(내부대신 부침)

相別居然經月 詹悵尤切 謹審春暮 令政體新蒞萬旺 公務倘不以曠餘熏惱否 區
區仰頌 弟依舊公擾巳耳 就悚 此呈另夾 俯覽可悉 而相機另旋使完位土之地 至
仰 事係難愗鄭重之託 故玆以仰煩 另念施之如何 餘留不備候禮

辛丑 二月 十一日 弟 李乾夏 二拜

서로 헤어진 지 어느새 달이 바뀌니, 그리움과 서글픔이 더욱 간절합니다. 봄날에 처음 부임한 후 행정업무 중의 안부가 평안하며, 비어 있던 자리인데 공무는 혹 힘들지 않은지요? 송축드립니다. 저는 여전히 바쁠 뿐입니다.

다름 아니라, 여기 동봉하여 올리는 별지[另夾]를 보면 잘 아시겠지만, 기회를 보아 특별히 주선하여 위토(位土)[10]를 완비하도록 해 주시기를 간절히 바랍니다. 괄시하기 어려운 정중한 부탁이기 때문에 이렇게 번거롭게 말씀드리니, 특별히 유념하여 베풀어 주시기 바랍니다.

나머지 사연은 다음으로 미루고 이만 줄입니다.

1901년 2월 11일 제(弟) 이건하(李乾夏) 올림.

---

9) 내대(内大): 내부대신. 내부(内部)는 1894년 갑오개혁 당시 내무부와 이조(吏曹)의 소관업무를 통합하여 내부아문을 설치하고 1895년 5월 이를 내부로 개칭했다. 대한제국의 지방행정, 경찰, 감옥, 토목, 위생, 지리, 사당과 사찰, 출판, 호적과 구휼사무를 다루었다.

10) 위토: 제사 또는 조상과 관련된 일에 쓰는 비용을 마련하기 위한 토지. 위답(位畓).

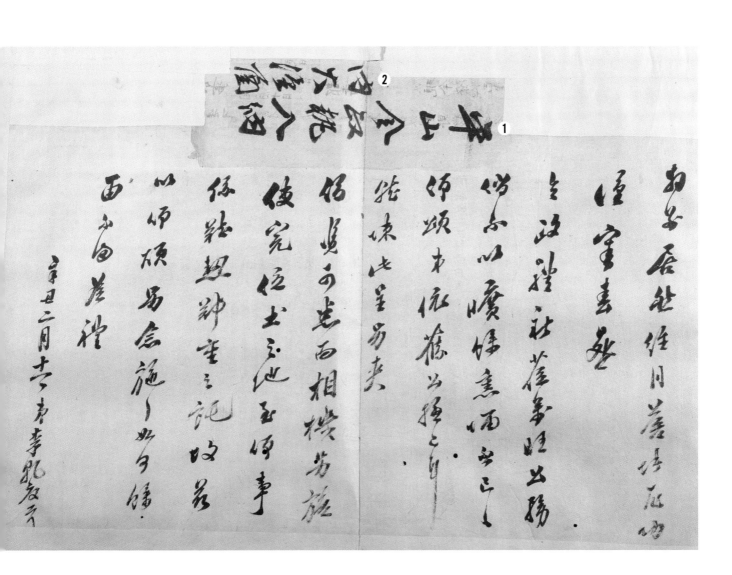

相別居然經月詹恨尤切

謹審春晷

令政體新莅萬旺公務

倘不以曠餘熏惱否區區

仰頌弟依舊公擾已耳

就悚此呈另夾

俯覽可悉而相機另旋

使完位土之地至仰事

係難恝鄭重之託故茲

以仰煩另念施之如何餘

留不備候禮

辛丑二月 十一日 弟 李乾夏 二拜

❶ 平山 令政執 入納 봉투

❷ 內大 謹函

5. 이건하(李乾夏)

(봉투) 平山 令政執 入納

　　　内部 謹椷

伏惟比候 令政體萬寗 公務無或過惱否 仰禱區區 弟擾劣已耳 就 貴郡退吏洪俊
植 雖移住金川 而於貴郡頗有文簿去來之際釐正者 亦有收刷者 幸須納書日 招
見施意 亦隨事曲護 以生光紫 切盼切盼 此非例囑矣 拔例另施 更祝更祝 餘不備
上

　　二月 初五日 弟 李乾夏 拜上

| 좌측 도장 一日淸閒一日仙(일일청한일일선: 하루가 맑고 한가로우면 하루가 신선), 焚香默坐消遣世慮
(분향묵좌소견세려: 향 사르고 잠잠히 앉아 세상걱정을 삭이네) |

　요즘 행정 업무 중의 안부가 평안하시리라 생각합니다. 공무는 혹 지나치게 힘들지 않습니까? 마음으로
축원드립니다. 저는 바쁘고 졸렬할 뿐입니다.

　다름 아니라, 귀 군에서 퇴임한 아전[退吏] 홍준식(洪俊植)은 금천(金川)에 이주했지만, 귀 군에 대하여 문
서로 거래한 것 중에 고치고 정리할 것이 꽤 있고 거두어들일 것도 있습니다. 그가 서류를 들여보내는[納書]
날을 기다려 반드시 불러서 만나 성의를 베풀고 일이 있을 때는 곡진히 두호해 주심으로써, 제 체면을 살려
주시기를 간절히 바랍니다. 이것은 으레 하는 부탁이 아닙니다. 통상적인 예를 벗어나 특별히 베풀어 주시기
를 다시 빕니다.

　나머지는 이만 줄이고 편지를 올립니다.

　1901년 2월 5일 제(弟) 이건하(李乾夏) 올림.

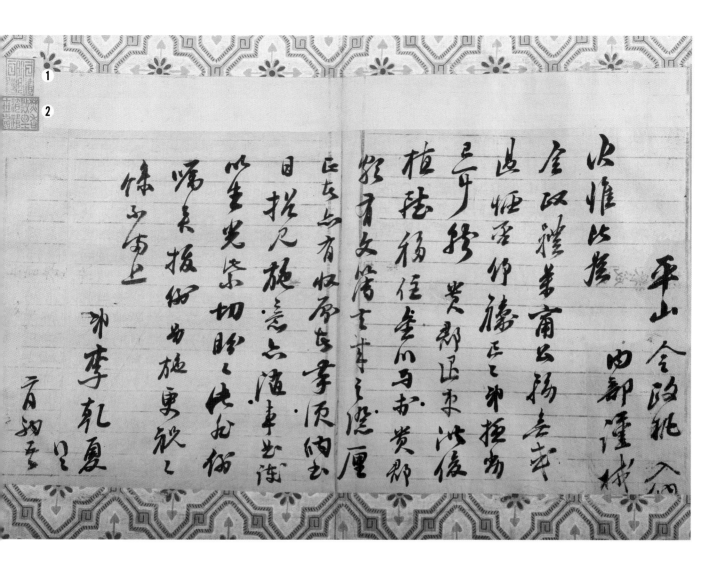

平山 令政執 入納
內部 謹械

伏惟比候
令政體萬審公務無或
過惱否仰禱區區弟擾劣
已耳就貴郡退吏洪俊
植雖移住金川而於貴郡
頗有文簿去來之際鳌
正者亦有收刷者幸須納書
日招見施意亦隨事曲護
以生光紫切盼切盼此非例
囑矣拔例另施更祝更祝
餘不備上

弟李乾夏
拜上
二月初五日

❶ 一日淸閒一日仙 —도장
❷ 焚香默坐消遣世慮 —도장

6. 이용익(李容翊)

(봉투) 平山 政執 入納(평산군수 앞)

　　　 篩洞 謹械(사동에서 부침)

日昨修謝 間想照覽矣 謹惟新凉入墟 政體事万旺 郡務不甚惱用 仰溯且禱 弟一
印奔汨 自悶自悶 第此呈錄紙 俯覽可爥 而金進士良濟 果係親切 故茲仰懇 幸須
納書之日 所謂李相鍾之悖習 另覈嚴懲 使金進士以爲 雪冤之地 而若非緊切 豈
能彌縷耶 另念惠施 使言者以生光紫 千万切仰切仰 餘撓甚不備上

　　　 辛丑 七月 念八日 弟 李容翊 拜上

일전에 쓴 답장은 그 사이에 보셨으리라 생각합니다. 초가을 기운이 서늘한 이때, 행정 중에 몸 건강하시며 군 업무는 몹시 힘들지 않는지요? 궁금하고 또 축원드립니다. 저는 한결같이 분주하여 걱정스럽습니다.

다름 아니라, 동봉하는 사연을 보면 아시겠지만, 진사 김양제(金良濟)는 정말 절친한 사이라 이렇게 간청드립니다. 그가 서류를 들여보내는 날을 기다려 소위(所謂)[11] 이상종(李相鍾)의 고약한 버릇을 특별히 캐내어 엄히 다스림으로써, 김 진사로 하여금 원한을 풀 수 있도록 해주시기 바랍니다. 절친한 사이가 아니면, 어찌 이렇게 번거롭게 말씀드리겠습니까? 잊지 말고 베풀어 주시어 말하는 사람의 체면[光紫]을 살려 주시기를 천만 간절히 바랍니다.

나머지 사연은 바빠서 이만 줄이고 편지를 올립니다.

1901년 7월 28일 제(弟) 이용익(李容翊)[12] 올림.

---

11) 소위: 신분이 낮은 양인이나 멸시하는 사람의 이름 앞에 붙이는 말.

12) 이용익: 1854~1907년. 조선 말기의 정치가. 내장원경, 중앙은행총재, 탁지부대신 역임. 보성전문학교(현 고려대의 전신) 설립자.

日昨修謝間想
照覽矣謹惟新涼入
墟　平山 政執 入納
앞봉투

政體事万旺郡務不甚
惱用仰溯且禱弟一印
俯覽可燭而金進士良濟
果係親切故玆仰懇幸須
納書之日所謂李相鍾之
悖習
另薂嚴懲使金進士以爲
雪冤之地而若非緊切豈
能彌縷耶另念

❶ 惠施使言者以生光紫千万
❷ 切仰切仰餘撓甚不備上
❸ 辛丑七月念八日弟拜上李容翊
❹ 篩洞謹械
봉투 뒷면

7. 윤철규(尹喆圭)

(봉투) 沁隊 謹椷(육군 강화도 대대 부침)

久阻景仰 伏維菊凉 令政體萬旺 歉年邑務 不多惱神 仰溸且祝 弟日以隊務爲惱
已耳 第本隊開城地出駐旅費 劃于歸郡 故向日推尋次派兵 時適爲擾擾 未暇仰函
尙庸悚悵耳 至若出駐費 其所緊急 與他逈別 想可諒燭 而今番所送錢 不過是
一千九百餘兩 則數多士卒客地經用 將何以支過耶 現狀急迫 難堪一時 此來該
色不可無杖囚之擧 而至於兄我間誼同一室 豈無相愛之意也 玆使兵丁二名眼同還
送 諒下後 雖萬難中 期於盡數區劃 以送於出駐所 幸甚 仲氏台監安節 種種承聆
耶 餘爲此不備上
　　九月 重陽日 弟 尹喆圭 二拜

오래 소식 막혀 그립습니다. 국화 피는 서늘한 계절에 행정 중의 안부가 평안하시며 흉년에 고을 업무는 많이 힘들지 않은지요? 궁금하고 또 축원 드립니다. 저는 날마다 대대(大隊)[13]의 업무로 괴로울 뿐입니다.

다름 아니라, 본 대대가 개성(開城)에 나가서 주둔하는 여비를 귀 군에 획급(劃給: 갈라서 나누어 줌)했기 때문에 전날 그 여비를 추심(推尋: 거두어 들임)하기 위하여 병사를 파견했던 것입니다. 당시 마침 바빠서 편지를 쓸 틈이 없었던 것이 아직도 죄송스럽고 서글플 뿐입니다. 그런데 주둔하는 비용으로 말하면, 다른 무슨 돈보다도 긴급하다는 것을 잘 아시리라 생각합니다. 그런데 이번에 보내신 돈이 1,900냥 남짓에 불과하니, 많은 병사의 객지 경용(經用: 경상비용)을 장차 무슨 수로 감당하여 지내겠습니까? 현재 상황이 급박하여 한시도 감당하기 어렵습니다. 지금 온 담당 색리를 볼기를 쳐서 가두지 않으면 안 되지만, 우의가 한 집안 같은 형과 나 사이에 어찌 서로 사랑하는 마음이 없겠습니까? 그래서 병정 두 명을 딸려서 돌려보내니, 잘 헤아리신 후 아무리 어렵더라도 반드시 전액을 떼어서 출주소(出駐所: 나가서 주둔하는 곳)로 보내시기 바랍니다.

형의 중씨(仲氏) 대감 안부는 종종 듣습니까? 나머지 사연은 이만 줄이고 편지를 올립니다.

　　1901년 9월 9일[重陽日] 제(弟) 윤철규(尹喆圭)[14] 올림.

---

13) 대대: 봉투에 '심대(沁隊)'라고 한 것으로 육군 강화지방대대임을 알 수 있다.

14) 윤철규: 1885년 유학(幼學: 벼슬 안 한 유생)으로서 이문학관에 임용되어 여러 관직을 거치고, 1906년 봉상시(奉常寺: 제사와 시호를 담당하던 관아) 제조(提調: 책임자) 때 해임되었다.

久阻景仰伏維菊凉

令政體萬旺歎年邑務不

多惱神仰溱且祝弟日以

隊務爲惱已耳第本

隊開城地出駐旅費劃于

歸郡故向日推尋次派兵

時適爲擾擾未暇仰函

尚庸悚悵耳至若出

駐費其所緊急與他逈別

想可

諒燭而今番所送錢不過是

一千九百餘兩則數多士卒客

地經用將何以支過耶現

狀急迫難堪一時此來該色

不可無杖囚之擧而至於

兄我間誼同一室豈無相

❶ 愛之意也 玆使兵丁二名

❷ 眼同還送

❸ 諒下後 雖萬難中 期於盡

❹ 數區劃 以送於出駐所 幸

❺ 甚 九月重陽日 弟尹喆圭二拜

❻ 仲氏台監安節種種承

❼ 聆耶餘爲此不備上 (좌측 상단에서 이어지는 글)

❽ 沁隊謹械 1봉투

8. 황우영(黃祐永)

(봉투)　帶呈

東陽 使君 令執

寺洞 謹緘(사동에서 부침)

向伏拜大函　第幾日後修復　並附千字文一紙　適值五馬西出　未邀靑眤　旣慰且悵
春意漸峀　伏問令體節視篆萬安　字務能無惱神　仰頌仰頌　弟狀　刀筆生涯　漸覺辛
屑　悶憐悶憐　而惟以鄕候之安爲幸　就悵　弟之同族一派　幾十年前　流落於西土
安業於治下南面道隆玄岩　而奈之何當初投鄕　行之爲幾十禩矣　未經首席　恒所抑
菀　故玆特仰乞　貴郡鄕長　必以鄙族顯周差任　則秉公也　得人也　生色也　須十分另
諒　必以此人信任　至爲殷盼　大抵鄕長及首掌記等囑　非他人所左右　然恃以令兄
愛護　敢此仰懇　須勿孤負如何　且爲人可堪是任　願一試之　弟亦以係是同宗　故如
是覼縷關聽也　立俟賜覆　不備上候

辛丑 二月 初五日 少弟 黃祐永 再拜

幼學黃顯周 居道隆面玄岩里

　접때 편지를 받고 며칠 후 답장을 써서 천자문(千字文) 한 장과 아울러 부쳤는데, 마침 오마(五馬)가 서쪽으로 나가[15] 반가운 얼굴을 초대하지 못하여, 위로가 되었다가 또다시 슬픕니다.

　봄기운이 점점 화창한데 행정 중에 몸 건강하시며 군 업무는 힘들지 않은지요? 매우 궁금합니다. 저는 도필(刀筆)[16] 생활이 점점 힘들고 지루해져 걱정스럽고 딱하지만, 오직 고향의 안부가 평안한 것이 다행스러울 뿐입니다.

　다름 아니라, 저의 동족(同族) 한 파가 몇 십 년 전에 해서지방을 유랑하다가 치하(治下: 평산군) 남면(南面) 도륭(道隆) 현암(玄岩)에서 안정하여 본업에 종사하고 있습니다. 그런데 당초부터 향청에 들어가 수십 년 동안 활동하고도 왠지 아직 수석(首席: 좌수)을 지내지 못하여, 늘 억울해 합니다. 그래서 이렇게 특별히 애걸하니, 귀 군의 향장(鄕長: 좌수)에 반드시 저의 동족 현주(顯周)를 임명해 주십시오. 그렇게 하시면, 공정함을 지키고 사람을 얻고 생색도 날 것입니다. 모름지기 십분 특별히 헤아려 반드시 이 사람을 신임하고 중시

---

15) 오마가 서쪽으로 나가: 권중면이 평산군수가 되어 부임한 것을 말한다. 오마는 수령을 가리키는 말이다.

16) 도필: 원래는 아전을 가리키는 말인데, 여기서는 스스로 비하하여 관리를 뜻하는 말로 썼다.

하십시오. 대저 향장과 수장기(首掌記)[17] 등의 위촉은 다른 사람이 간여할 바가 아닙니다만, 영형(슈兄)이 두호해 주시리라 믿고 감히 이렇게 간청하니, 반드시 저버리지 마시기 바랍니다. 또 그 위인이 그 임무를 감당할 만하니, 한번 써 보시기 바랍니다. 저 또한 이 동종(同宗)과 관계가 있어서 이렇게 누누이 말씀드립니다. 서서 기다릴 터이니 회답 주시기 바라며, 이만 줄이고 편지를 올립니다.

　　1901년 2월 5일 소제(少弟) 황우영(黃祐永)[18] 올림.

　　유학(幼學) 황현주(黃顯周)는 도륭면(道隆面) 현암리(玄岩里)에 삽니다.

---

17) 수장기: 장부 기록을 담당한 우두머리 소임.

18) 황우영: 1891년 검서관에 특채된 후 여러 관직을 거쳐 1903년 경흥감리 겸 경흥항재판소 판사로서 면직되었다.

❶ 帶呈 —봉투

❷ 東陽 使君 令執 —봉투

❸ 寺洞 謹緘 —봉투

向伏拜

大函第幾日後修復 並附千字文一紙

適値五馬西出未邀

青睞旣慰且悚春意漸闌伏問

令體節視篆萬安字務能無

惱神仰頌仰頌弟狀刀筆生涯漸覺

辛屑悶憐悶憐而惟以鄉候之安爲幸就悚弟

之同族一派幾十禩矣未經首席恒所抑

鄉行之爲幾十禩矣未經首席恒所抑

於治下南面道隆玄岩而奈之何當初投

苑故茲特仰乞

貴郡鄉長必以鄙族顯周差任則秉公也得

人也生色也須十分

另諒必以此人信任至爲殷盼大抵鄉長及首

掌記等囑非他人所左右然特以

令兄愛護敢此仰懇須勿孤負如何且

爲人可堪是任願一試之弟亦以係是同宗

故如是顣縷關 聽也立俟

賜覆不備上候

辛丑二月 初五日 少弟 黃祐永 再拜

幼學黃顯周 居道隆面玄岩里

9. 조천식(趙天植)

(봉투) 京橋 權 綾州 宅 回納(서울 권능주택 앞)

古之 謹覆(고지 부침)

月初惠覆 尙庸仰慰 日又多矣 更伏惟邇來 令體休養大安 覃上洞徹 仰慰之餘 旋
頌將來印今也 生殊殊病塊 寄在今日悶憐中 諸致姑爲免警 是幸是幸 第見機勇退
古賢哲所能爲也 而令旣賦歸於此時 猶無愧於陶彭澤也 爲之仰賀萬萬 北邊邊致
騷擾 如坐針氈 圖活沒策 只自悶歎而已 惠寄碑文依到 而荷此勤施 益庸感戢 餘
神擾姑閣 謹上

八月念五日 生 趙天植 拜敬

이 달 초에 보내 주신 답장은 지금도 위로가 됩니다. 또 며칠이 지났는데, 그동안 휴양 중에 크게 평안하시며 집안 두루 무고하시리라 생각하니 위로가 되며, 앞날에도 여전하기를 송축드립니다.

저는 죽을 것 같은 병든 몸으로 이렇게 객지생활을 하여 근심스럽고 가련한 가운데, 가족의 안부[諸致]가 우선 별탈이 없어 천만다행일 뿐입니다.

기미를 보아 용퇴(勇退)하는 것은 옛 현철(賢哲)만이 할 수 있는 바인데, 이때 벼슬을 그만 두고 돌아가[부귀(賦歸)][19] 도팽택(陶彭澤)[20]에게도 부끄럽지 않으시니, 크게 축하드립니다.

북쪽 변경의 상황이 시끄러워 마치 바늘방석에 앉은 것 같은데, 삶을 도모할 계책이 없어 단지 스스로 걱정스럽고 개탄스러울 뿐입니다. 보내 주신 비문은 잘 받았습니다. 이렇게 힘들여 써 주시는 것을 받으니, 더욱 감사하여 잊지 못할 것입니다. 나머지는 정신이 산란하여 이만 줄이고 삼가 편지를 올립니다.

8월 25일 생(生) 조천식(趙天植)[21] 삼가 올림.

---

19) 부귀: 벼슬을 그만 두고 돌아가는 것을 말한다. 《논어 공야장》의 "공자가 진(陳)에서 '돌아갈까 보다! 돌아갈까 보다!'[子在陳曰 歸與歸與]"고 한 데서 온 말이다.

20) 도팽택: 진(晉) 도잠(陶潛), 즉 도연명(陶淵明)을 가리킨다. 그가 팽택령(彭澤令)을 지냈다.

21) 우리나라 최초의 법률가 단체의 기관지로서, 1908년 11월 25일자로 창간된 《법학협회잡지(法學協會雜誌)》의 회원명단에 이름이 보인다.

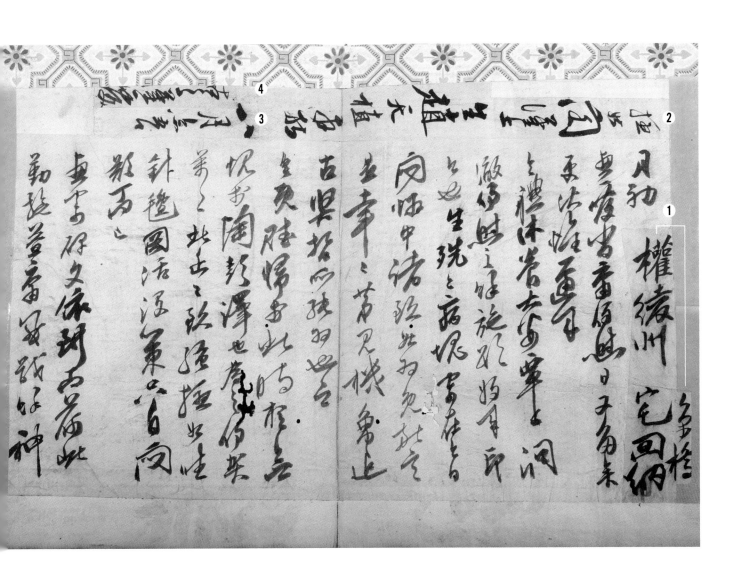

月初

惠覆尙庸仰慰日又多矣

更伏惟邇來

令體休養大安覃上洞

徹仰慰之餘旋頌將來印

今也生殞殍病塊寄在今日

悶憐中諸致姑爲免警

是幸是幸第見機勇退

古賢哲所能爲也而

令旣賦歸於此時猶無

愧於陶彭澤也爲之仰賀

萬萬北邊邊致騷擾如坐

針氈圖活沒策只自悶歎而已

惠寄碑文依到而荷此

勤施盆庸感戢餘神

❶ 京橋 權綾州 宅回納 ─ 봉투

❷ 擾姑閣謹上生 趙天植 拜敬

❸ 八月念五日

❹ 古之謹覆 ─ 봉투

10. 이용우(李容愚)

春事漸殷　褰昻益切　伏承惠翰　藉審令篆體万甯　仰慰協禱　生向作府行　昨暮歸來　餘憊賴茶　悶私悶私　第隣壤相求　無所不可　況盈盈帶水　編楫共濟之一步可悶者乎　然而但弊郡所謂略箇松楸　只在玉山一麓　而噫彼山下居氓　斧斤日尋　童濯無餘　故董以二株　用副勤敎　淵諒仰荷仰荷　餘留不備謝禮

　　　丙午二月念三日　生 李容愚 拜夏

　봄기운이 점점 무르익어 그리움이 더욱 간절하던 차에 보내신 편지를 받아 행정 중의 안부가 평안하신 것을 아니, 축원하던 마음에 위로가 됩니다.

　저는 접때 부(府)에 갔다가 어제 저녁 돌아왔는데, 남은 피로가 풀리지 않아 걱정스럽습니다.

　이웃 고을[22]끼리 서로 물건을 요구하는 것은 안 될 것이 없습니다. 하물며 넘실대는 좁은 바다를 사이에 두고 조각배로도 건널 수 있는 가까운 이웃의 걱정스러운 일임에이겠습니까? 그러나 다만 폐군(弊郡)의 이른바 약개송추(略箇松楸)[23]는 단지 옥산(玉山)의 한 산록에만 있는데, 개탄스럽게도 그 산 아래 사는 백성이 날마다 베어 내 씻은 듯이 남은 것이 없습니다. 그래서 겨우 두 그루로써 어렵게 하신 말씀에 부응하니, 깊이 양해하시면 고맙겠습니다.

　나머지는 이만 줄이고 답장을 올립니다.

　　1906년 2월 23일 생(生) 이용우(李容愚) 올림.

---

22) 이웃 고을: 당시 발신자 이용우는 해남군수였고 수신자 권중면은 진도군수였다.

23) 약개송추: 몇 그루의 소나무와 가래나무.

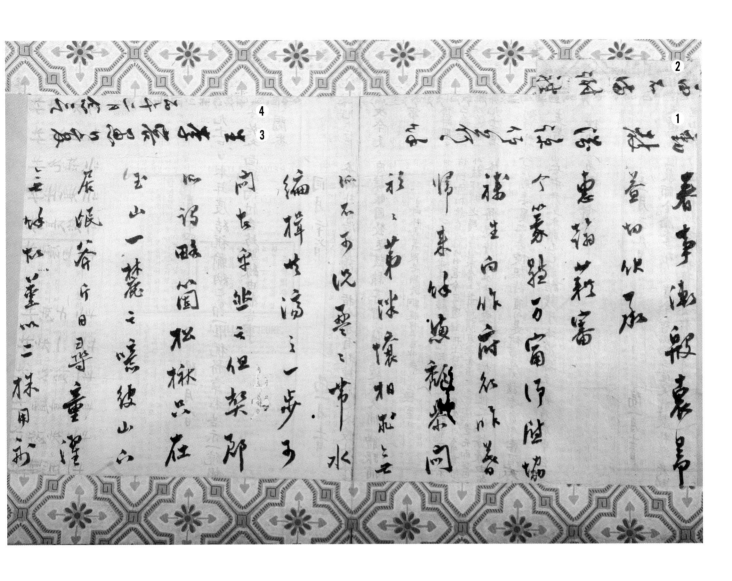

春事漸殷殷裏昻

益切伏承

惠翰藉審

令篆體万寗仰慰協

禱生向作府行昨暮

歸來餘憊積苶悶

私悶私第隣壤相求無

所不可況盈盈帶水

編楫共濟之一步可

悶者乎然而但弊郡

所謂略箇松楸只在

玉山一麓而噫彼山下

居岷斧斤日尋童濯

無餘故堇以二株用副

❶ 勤敎 淵諒仰荷仰荷

　　餘

❷ 留不備謝禮

❸ 生 李容愚 拜夏

❹ 丙午二月念三日

11. 이용우(李容愚)

(봉투)**24** 沃州 令篆執 回納(진도 군수 앞)

　　　 棠岳吏 謹謝(해남 벼슬아치 부침)

| 좌측 상단 도장 算來名利天極間(산래명리천극간: 명리와 천도 사이를 헤아림), 欲廣福田須平心地

　　(욕광복전수평심지: 복밭을 넓히려면 모름지기 마음을 평온하게 가져야) |

秋天寥廓 懷仰倍切 卽拜承先施惠訊 伏審令篆體節萬寗 伏慰副禱 生務擾病仍

公私耦悶耳 第當此刷新 政務無非刱睹 則其所瞽聾 貴弊一般 更無仰聞者 而隨

訓飭調停以外 恐無把着 以此諒會 未知如何耳 餘不備謝禮

　　　 菊旬八日 生 李容愚 拜謝

가을날이 쓸쓸하여 그리움이 더욱 간절하던 차에 지금 먼저 보내신 편지를 받아 행정 중의 안부가 평안하신 것을 아니, 축원하던 마음에 위로가 됩니다.

저는 공무가 바쁘고 병이 낫지 않아 공적으로나 사적으로 모두 걱정스럽습니다.

다만 이 쇄신하는 때를 당하여 정무(政務: 행정업무)가 처음 보는 것이 아닌 것이 없으니, 장님이 되고 귀머거리가 되는 것은 귀하나 저나[귀폐(貴弊)] 일반이라 말씀드릴 만한 일은 전혀 없습니다. 훈칙(訓飭)**25**을 따라 조정(調停)하는 것밖에는 파악하고 착수할 길이 없을 것 같습니다. 이렇게 이해하시는 것이 어떨지 모르겠습니다.

나머지는 이만 줄이고 편지를 올립니다.

9월 18일 생(生) 이용우(李容愚) 절하여 답함.

---

24) (봉투)에 쓰인 옥주(沃州)는 진도를 말하고 당악(棠岳)은 해남을 말한다.

25) 훈칙: 상급관청에서 하급관청에 내리는 명령. 훈령.

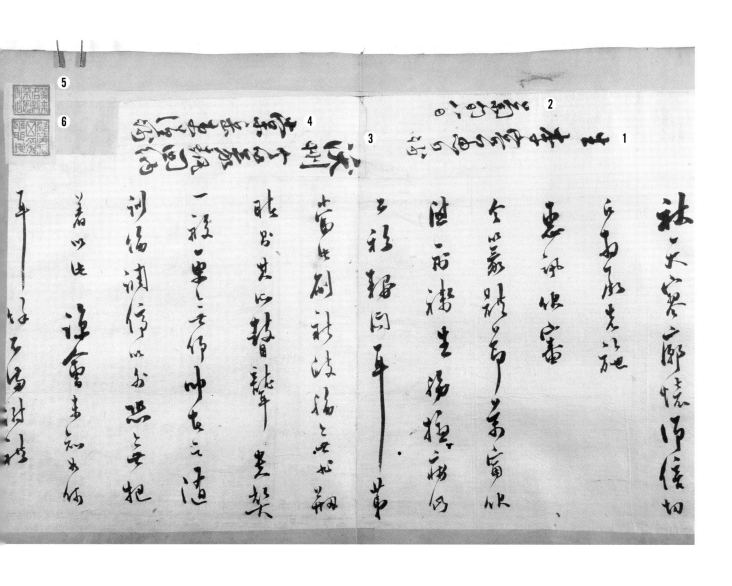

秋天寥廓懷仰倍切
卽拜承先施
惠訊伏審
令篆體節萬寗伏
慰副禱生務擾病仍
公私耦悶耳第
當此刷新政務無非㕦
睹則其所瞀聾 貴弊
一般更無仰聞者而隨
訓飭調停以外恐無把
着以此諒會未知如何
耳餘不備謝禮

❶ 生 李容愚 拜謝
❷ 菊旬八日
❸ 沃州 令篆執 回納 ──봉투
❹ 棠岳吏 謹謝 ──봉투
❺ 算來名利天極閒 ──도장
❻ 欲廣福田須平心地 ──도장

12. 권오익(權五翊)

(봉투) 伏呈 珍島 政閣 令下執(진도 군수께 올림)

農署 直中上書(농상공부에서 부침)

前夏下書 尚今伏慰 而緣於無便 未卽上書 伏悚伏悚 伏不審比來 政體候一享萬
安 諸節一寧 公務無至惱神否 伏慕區區 不任下誠 族孫逐日仕部 別無顯頉 而
鄕候久阻 只自伏悶耳 前夏下惠扇子三柄 伏感無比 而老洞所付書簡與扇子 郵便
難付之物 而信便非易 故前月轉便付送矣 下諒若何 前月晦 大監分付內 大坪秋
收 今年又爲看檢之意 卽付書于老洞從叔許下敎 故以此意卽郵便付書 日前大父
主之付送書簡一度于老洞者 又卽付郵 而遲速與否未知矣 下諒若何 餘不備 伏惟
下鑑 上候書

丙午九月十四日 族孫 五翊 上書

寺洞大監宅諸節 與大小宅皆安寧 金友博士亦仕安

지난여름 내리신 편지는 지금도 위로가 됩니다. 인편이 없어서 즉시 편지들 올리지 못하여 대단히 죄송합니다.

요즘 행정 중에 한결같이 평안하시며 여러 사람도 무고하며 공무는 힘들지 않는지요? 궁금하여 못난 정성을 감당할 수 없습니다. 저는 매일 부(部)[26]에 출근하며 달리 큰 탈은 없으나, 고향 소식이 오래 막혀 혼자 걱정스러울 뿐입니다.

지난여름 보내 주신 부채 세 자루는 감사하기 짝이 없습니다. 그런데 노동(老洞)에 부치신 편지와 부채는 우편으로 보내기 어려운 물건이고 믿을 만한 인편도 쉽지 않아, 지난달 전편(轉便)[27]으로 부쳐 보냈으니 그렇게 아시기 바랍니다.

지난달 그믐 대감의 분부에 "대평(大坪)의 추수를 금년에 또 간검(看檢: 감시하고 검사함)하라."는 뜻으로 노동(老洞)의 종숙에게 편지를 보내라고 하고 하교(下敎)하셔서, 그 내용으로 즉시 우편으로 편지를 부쳤습니다.

---

26) 부: 농상공부.《승정원일기》 고종 43년 병오(1906) 2월 18일 기사에 "6품 권오익(權五翊)을 농상공부 주사에 임용하였다."라고 한 기사가 있다.

27) 전편: 수신자에게 직접 가는 인편이 아니고 간접적으로 수신자에게 전할 수 있는 인편.

일전에 대부주(大父主)²⁸께서 노동에 보내는 편지 한 통을 우편으로 즉시 부쳤는데, 빨리 갈지 더디 갈지는 모르겠습니다. 그렇게 아시기 바랍니다.

나머지는 이만 줄이니 헤아리시기 바라며, 편지를 올립니다.

1906년 9월 14일 족손(族孫) 오익(五翊)²⁹ 올림.

사동(寺洞) 대감댁의 여러 안부와 대소댁(大小宅) 두루 평안하며, 친구 김 박사(金博士)도 벼슬살이가 무고합니다.

---

28) 대부주: 대개 친할아버지를 지칭하는 말인데, 여기서는 족조(族祖)인 권중면을 가리킴.

29) 권오익: 1906년 농상공부주사에 임용된 기사가 《승정원일기》에 보인다.

❶ 寺洞大監宅諸節與大小宅

❷ 皆安寧 金友博士亦仕安

❸ 伏呈 珍島 政閣 令下執 ┃봉투

❹ 農署 直中上書 ┃봉투

前夏

下書尙今伏慰伏而緣於無便未
卽上書伏悚伏悚伏不審此來
政體候一享萬安諸節一寧公
務無至惱神否伏慕區區不任下
誠族孫逐日仕部別無顯頉而鄕
候久阻只自伏悶耳前夏
下惠扇子三柄伏感無比而老洞
所付書簡與扇子郵便難付之物
而信便非易故前月轉便付送矣
下諒若何前月晦
大監分付內大坪秋收今年又爲看
檢之意卽付書于老洞從叔許
下敎故以此意卽郵便付書日前
大父主之付送書簡一度于老洞者
又卽付郵而遲速與否未知矣
下諒若何餘不備伏惟
下鑑上候書

丙午九月十四日 族孫 五翊 上書

13. 이용우(李容愚)

(봉투) 沃州 令篆執 入納(진도군수 앞)

　　　　棠岳吏 謹械(해남 벼슬아치 보냄)

居直穎弘　阻何此久　攬時興裏　欲按不得　火傘張空　伏維玆際　令政體錦護淸旺
酕擾無惱　仰遡另禱　生務叢病闔　公私俱悶　餘爲探閣謹
　　　生 李容愚 拜上　丙榴夏念九
羅尾五柄　別曲三柄　忘些汗呈　莞領如何

소식 막힌 지 어찌 이렇게 오래 되었습니까? 시국을 보고 이는 회포를 달래고 싶어도 달랠 길이 없습니다.

불 우산[火傘]이 하늘을 덮었는데, 이때 행정 중에 기력이 왕성하시며 잡다한 업무[융요(酕擾)]로 어려움은

없는지요? 궁금하며 특별히 축원합니다.

저는 업무가 많고 병이 고개를 들어, 공적으로나 사적으로나 걱정스럽습니다.

문안드리며 나머지 사연은 이만 줄이고 편지를 올립니다.

　1906년 5월[유하(榴夏)] 29일 생(生) 이용우(李容愚) 올림.

　나미(羅尾) 다섯 자루와 별곡(別曲)**30** 세 자루를 약소하지만 드리니, 웃고 받으시기 바랍니다.

---

30) 나비와 별곡은 자세히 알 수 없으나, 부채의 일종인 것으로 보인다.

居直穎弘阻何此久攬時
興襄欲按不得火傘張
空伏維茲際
令政體錦護淸旺酧擾無
惱仰遡另禱生務叢病
閤公私俱悶餘爲探閣謹
　　生 李容愚 拜上 丙榴夏念九
羅尾五柄別曲三柄忘此三汗呈
莞領如何

沃州　令篆執　入納
棠岳吏　謹械

14. 이재정(李在正)

(봉투) 珍島 政閣執事 入納(진도군수 앞)

(六月十三日到 雲樵台書)**31**

南雲漠漠 阻昂實勞 伏問比者 令體爲政萬旺 民務無惱 爲頌且祝 弟狀依是劣劣
而已 第悚 貴郡吏金允源 卽素是親緊之人 而啓駕時 果因悤擾 未及仰誦矣 大
抵其爲人謹愼且解事則 有何別般爲囑 而兄旣收用 則另垂庇護 使渠有依賴 如
何 非直於弟爲緊切 亦係珍重所托 兼爲仰懇 另諒必施 至仰至仰 姑不備 謹候禮
乙巳四月晦日 弟 李在正 拜上

아득한 남쪽 하늘의 구름을 바라보니, 그리움이 실로 견디기 힘듭니다. 요즘 행정 중에 체력이 건강하시며 백성을 다스리는 업무는 힘들지 않은지요? 송축드립니다. 저의 형편은 여전히 졸렬할 뿐입니다.

다름 아니라, 귀 군(郡)의 아전[吏] 김윤원(金允源)은 평소 아주 친한 사람인데, 형이 임지로 떠나실[계가(啓駕)] 때 바빠서 미처 말씀드리지 못했습니다. 대개 그 위인이 조심스럽고 사리에 밝으니[해사(解事)] 무슨 별다른 부탁을 하겠습니까만, 형이 이미 수용(收用: 거두어 씀)했으니 특별히 두호하시어 그자로 하여금 의지할 수 있도록 해 주시기 바랍니다. 저에게 간절할 뿐더러 정중한 부탁이 있어서 아울러 간청하니, 특별히 양해하여 반드시 베풀어 주시기 바랍니다.

이만 줄이고 삼가 편지를 올립니다.

1905년 4월 그믐날 제(弟) 이재정(李在正)**32** 올림.

---

31) "6월 13일 도착 운초(雲樵) 대감 편지"라고 쓴 괄호 안은 수신자가 쓴 것으로, 편지사진 상단 안쪽에 씌어있어 여기서는 안 보인다. '雲樵'는 이 편지의 필자 이재정의 호인 것으로 보인다.

32) 이재정(李在正, 1846년~1919년)은 조선 말기의 문신이자 대한제국의 관료. 1882년(고종 19년) 진사시에 합격하고 음서로 참봉이 된 뒤 통리교섭아문, 전우총국, 외무아문 등에서 근무한 뒤 법부와 탁지부 등에서 관리로 일했고 고등재판소와 특별재판소 등 사법 기관의 판사를 지냈다. 그뒤 고등재판소 판사, 1895년 탁지부협판, 1896년 탁지부대신서리 등을 거쳐 인천감리 겸 부윤으로 나갔다. 1897년 중추원 1등 의관을 거쳐 1902년 충청남도 관찰부 주사, 1906년 영암군수, 1907년 중추원찬의 등을 지냈다. 본관은 우계(羽溪)이고 자(字)는 치성(致盛), 성여(盛汝), 호는 운초(雲樵), 동강(東岡)이다. 인천부윤 겸 인천감리로 재직 중 쓰치다 조스케를 살해한 혐의로 끌려온 김창수(훗날의 백범 김구)를 심리하였다. 경기도 포천 출신.

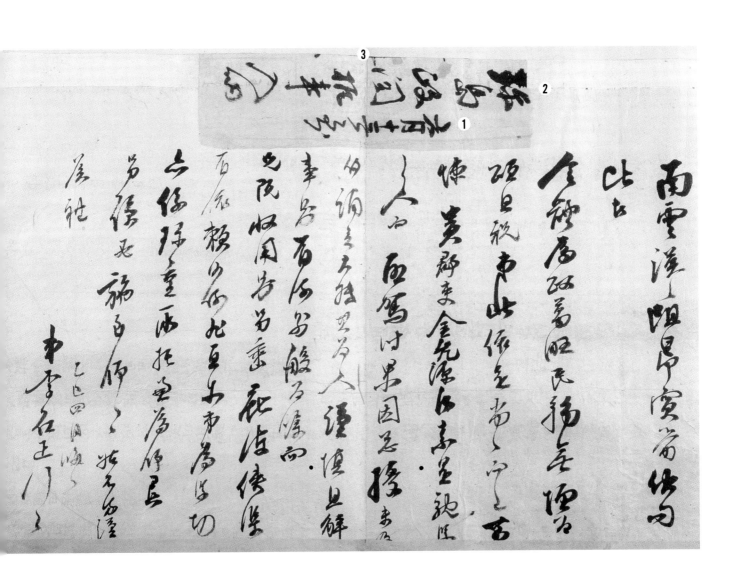

南雲漠漠阻昂實勞伏問

比者

令體爲政萬旺民務無惱爲

頌且祝弟狀依是劣劣而已第

悚貴郡吏金允源卽素是親緊

之人而啓駕時果因恩擾未及

仰誦矣大抵其爲人謹愼且解

事則有何別般爲囑而

兄旣收用則另垂庇護使渠

有依賴如何非直於弟爲緊切

亦係珍重所托兼爲仰懇

另諒必施至仰姑不備謹

候禮　乙巳四月晦日

　　　弟李在正拜上

15. 이재정(李在正)

(봉투) 沃州 政閣 執事(진도군수 앞)

朗吏[33] 謹函(영암군수 부침)

至日漸近 寒事尤劇 伏問比來 令政體万旺 邑務無惱 溯祝溯祝 弟狀一劣 而此
時擾擾 一般同憐耳 第此去稅主事曺友到此 幾日源源 其凡節果是勘職也 與兄必
爲有相議 似不待此言 而無論某事 從便妥商 如何 悤悤不備上

　　至月四日 弟 在正 拜

동짓날이 점점 다가와 추위가 더욱 매서운데, 요즘 행정 중에 체력이 왕성하시며 고을 업무는 힘들지 않
은지요? 우러러 축원 드립니다. 저의 상황은 한결같이 졸렬하며 이 시국의 어수선함으로 딱한 것은 마찬가
지입니다.

드릴 말씀은, 지금 가는 벗 징세주사(徵稅主事) 조(曺)는 여기 도착하여 며칠 같이 지내 보니, 그 예의범절
이 직무를 감당할 만합니다. 말할 필요도 없이 형과 상의할 일이 반드시 있을 것이니, 무슨 일이든지 편의를
따라 잘 상의하시기 바랍니다.

바빠서 이만 줄입니다.

1906년 11월 4일 제(弟) 재정(在正) 올림.

---

33) 낭리(朗吏): 朗은 낭주(朗州)로 영암의 옛날 이름이고, 吏는 수령이 자신을 겸손하게 지칭하는 말이다. 편지의 필자 이재정은 1905년 12월
12일부터 1907년 3월 13일까지 영암군수를 지냈다.

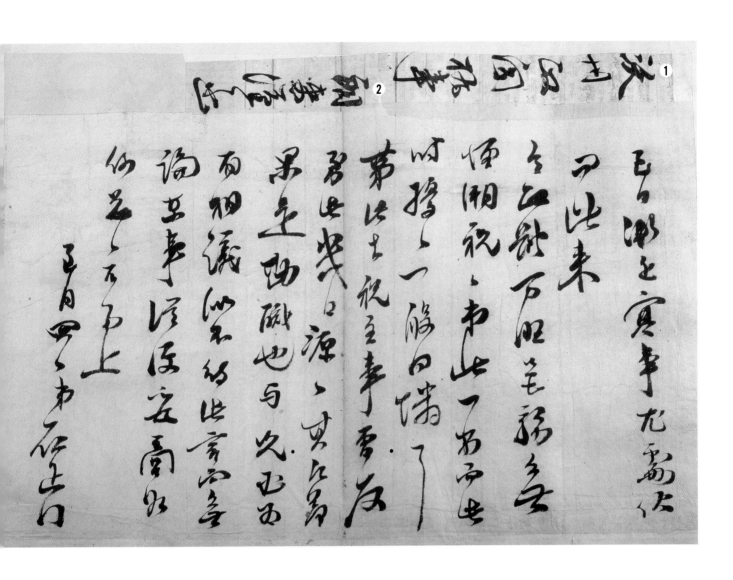

至日漸近寒事尤劇伏

問比來

令政體万旺邑務無

惱溯祝溯祝弟狀一劣而此

時擾擾一般同憐耳

第此去稅主事曺友

到此幾日源源其凡節

果是勘職也與兄必爲

有相議似不待此言而無

論某事從便妥商如

何恩恩不備上

至月四日弟在正拜

❶ 沃州 政閣 執事 一봉투

❷ 朗吏 謹函 一봉투

16. 민건호(閔建鎬)

(봉투) 珍島 政閣 下執 入納(진도군수 앞)

　　　　海南 閔中和 謹椷(해남 민중화 부침)

| 좌측 상단 도장 多讀書少説話(다독서설화: 독서를 많이 하고 이야기를 적게 해야), 樂靜(낙정: 평정을 즐김) |

積年阻懷 湖海茫茫 自貴郡蒞任 治聲播遠 不勝仰賀 業欲一晉拜擅 而亦未能
又欲替書探候 而亦無信便未果 實非夙誼 而令執不能知我之在海南也 伏惟暮春
令篆體上 連衛萬旺 公務不甚大惱 京候種承 伯氏台監近節萬安否 客月上候於伯
氏台監 而尙未見下覆也 并用仰頌且禱 生落拓十載 毫無善狀 而豚兒泳珍在京未
還 甚菀菀耳 餘適有信襃 略探姑閣上候

　　　丙午 三月 旬七日 生 閔建鎬 再拜

아득한 바닷가에 있으면서 여러 해 소식 못 듣다가 귀 군(郡)에 부임하시고 나서부터 치성(治聲)[34]이 멀리 전파되니, 축하하는 마음을 감당할 수 없습니다. 한번 가서 뵙고 회포를 풀려고 했으나 역시 이루지 못했고, 또 대신 편지[체서(替書)]로 문안하려 했으나 역시 믿을 만한 인편이 없어 뜻대로 하지 못했으니, 실로 오래된 우의[숙의(夙誼)]가 아닙니다. 그리고 집사께서 제가 해남(海南)에 있는 것을 아시지 못하게 되었습니다.

봄이 저무는데, 행정 중의 체력이 계속 왕성하시며, 공무는 몹시 힘드시지 않으며, 서울 소식[경후(京候)]은 종종 들으시며, 집사의 백씨(伯氏: 맏형) 대감은 요즘 평안하신지요? 지난 달 백씨 대감께 문안 편지를 올렸는데, 아직 답장을 받지 못했습니다. 이 모든 것이 궁금하며 또 축원 드립니다.

저는 십년 동안 객지로 떠돌아 좋은 상황이라고는 털끝만큼도 없으며, 아들 영진(泳珍)이 서울에 있으면서 아직 돌아오지 않아 몹시 답답할 뿐입니다.

마침 믿을 만한 인편[신체(信襃)]이 있어 문안인사 올리고, 나머지 사연은 이만 줄입니다.

　1906년 3월 17일 생(生) 민건호(閔建鎬)[35] 올림.

---

34) 치성: 수령이 행정을 잘 한다는 명성.

35) 민건호: 1876년 선전관으로 벼슬을 시작하여 여러 관직을 거치고, 1898년 중추원 의관으로서 의원면직되었다.

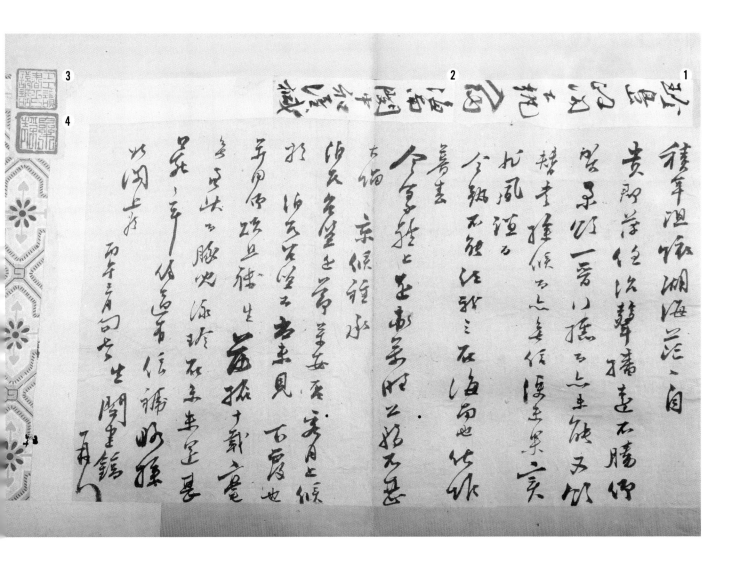

積年阻懷湖海茫茫自
貴郡莅任治聲播遠不勝仰
啓禾一晉拜攄而亦未能又欲
賀業欲一晉拜攄而亦未能又欲
替書探候而亦無信便未果實
非夙誼而
令執不能知我之在海南也伏惟
暮春
令籤體上連衛萬旺公務不甚
大惱 京候種承
伯氏台監近節萬安否客月上候
於 伯氏台監而尙未見 下覆也
幷用仰頌且禱 生落拓十載毫
無善狀而豚兒泳珍在京未還甚
菀菀耳餘適有信裭略探姑閣上候

丙午三月旬七日 生 閔建鎬 再拜

17. 김상섭(金商燮)

(봉투) 珍島 使君 政閣下(진도군수 앞)

　　　 莞吏 敬函(완도군수 부침)

伏惟比炎　台政體候萬安　伏溯區區且禱　生病狀尙未夬復　悶歎悶歎　就悚　此去才
人金聖燁　近年無等名唱　而以賣喉爲業　屢告要囑　故不顧猥妄而仰達　幸得公暇
一次招入　消暢若何　耑此不備白

　　　生　金商燮　再拜　流月卄二日

요즘 더운 날씨에 대감께서 행정 중에 평안하신지요? 궁금하며 또 축원드립니다.

저는 병이 깨끗이 회복되지 않아 걱정스럽습니다.

다름 아니라, 지금 가는 재인(才人) 김성엽(金聖燁)은 근년에 비교할 자가 없는 명창(名唱)인데, 소리를 파는 것[매후(賣喉)]을 생계로 삼습니다. 부탁해 달라고 여러 번 말하기에 외람됨과 망령됨을 무릅쓰고 말씀드리니, 공무가 한가할 때 한번 불러들여서 한바탕 후련하게 놀도록[소창(消暢)] 해 주시기 바랍니다.

이만 줄이고 올립니다.

　6월 22일 생(生) 김상섭(金商燮)[36] 올림.

---

36) 김상섭: 1900년 전라남도관찰부 주사가 된 후 여러 관직을 거쳐 1905년부터 1907년까지 완도군수를 지냈는데, 이 편지는 완도군수 때 보낸 것이다.

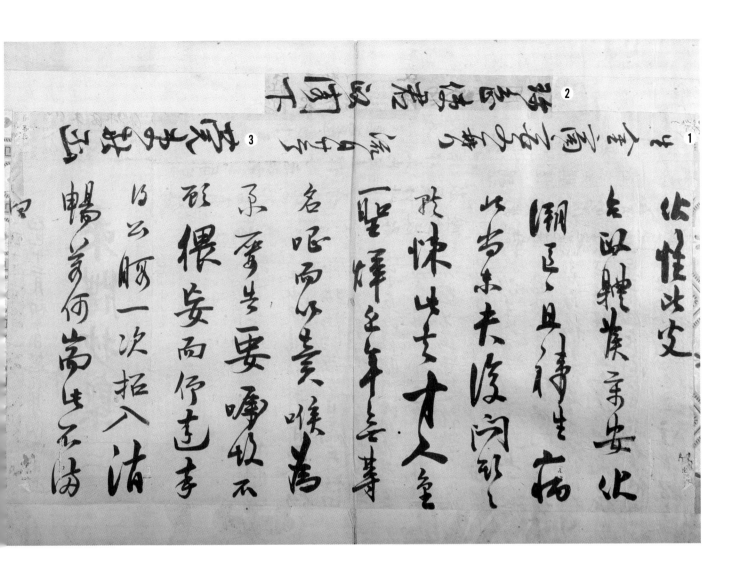

伏惟比炎
台政體候萬安伏
溯區區且禱 生病
狀尚未夫復悶歎悶歎
就悚此去才人金
聖燁近年無等
名唱而以賣喉爲
業屢告要囑故不
顧猥妄而仰達幸
得公暇一次招入消
暢若何崇此不備

白

❶ 生 金商燮 再拜 流月廿二日
❷ 珍島使君 政閣下 ─봉투
❸ 莞吏 敬函 ─봉투

18. 안기현(安基鉉)

(봉투) 珍島 政閣 入納(진도군수 앞)

　　　 務安尹 上槭(무안부윤 부침)

屢奉下械 無信便且因擾 稽謝 悚惶万万 楓落天寒 更伏維視篆令體節萬安 伏漵
區區 生公務遝臻 無時暫閒 自顧悶私巳耳 鄭申兩漢事 近以更加嚴刑牽囚 終無
動念 只自痛歎耳 前港居李召史 其所情境 甚是可矜 有所抑寃事 往訴于貴郡矣
幸須公決嚴査推給 無至呼寃 若何 餘不備上候
　　　 陰十月十一日 生 安基鉉 拜敬

내리신 편지를 여러 번 받았으나, 믿을 만한 인편이 없고 어수선하여 이렇게 답장이 늦었습니다. 황송스럽기 그지없습니다.

단풍이 떨어지고 날이 추운데 행정 중의 안부가 평안하신지요? 궁금합니다.

저는 공무가 계속 밀려 잠시도 한가하지 않아, 스스로 돌아볼 때 개인적으로 걱정스러울 뿐입니다.

정(鄭) 신(申) 두 상놈 사건은, 근자에 더욱 엄한 형벌을 가하고 가두었으나 끝내 생각을 바꾸지 않아, 단지 스스로 통탄할 뿐입니다.

전항(前港)에 사는 이 소사(李召史)가 형편이 몹시 불쌍한데, 억울한 일이 있어서 귀 군(郡)에 가서 호소(呼訴)할 것입니다. 반드시 공정하게 판결하고 엄하게 조사하여 추급(推給: 찾아줌)하심으로써 원한으로 울부짖지 않도록 해 주시기 바랍니다.

나머지는 이만 줄이고 편지를 올립니다.

　　1906년 음력 10월 11일 생(生) 안기현(安基鉉)**37** 올림.

---

37) 안기현:《승정원일기》에 의하면, 1906년 윤4월 15일 무안감리, 윤4월 27일 겸임 무안항 재판소 판사, 8월 14일 무안부윤, 9월 21일 무안항 재판소 판사에 임명되었다.

屢奉下椷無信便且因擾稽謝悚
惶万万楓落天寒更伏維
視篆令體節萬安伏溱區區生公務
遷臻無時暫閒自顧悶私已耳
鄭申兩漢事近以更加嚴刑牽
因終無動念只自痛歎耳前
港居李召史其所情境甚是可矜
有所抑寃事往訴于貴郡矣幸
須公決嚴查推給無至呼寃若
何餘不備上候

陰十月十一日 生 安基鉉 拜敬

19. 조중관(趙重觀)

(봉투) 金陵守 謹謝函(강진군수 부침)

(도장) 康津郡印(강진군인)

地邇人遐 詹誦政勤 伏拜先施大函 旣感且愧 謹審秋高 令篆體護旺 仰慰 而至
若權限減削 徒存太守之名 便是同病之憐 堪發一喟也 生涖茲五朔 殫竭心神 凡
吏弊民瘼 可以稍稍就緖 而今者先以稅政屬之他手 深燈曉窓 千轉萬運之長算短
籌 歸之水流雲空 亦復奈何 始覺北山破屋 飮水讀書 爲我本分也 鄙治亦在三面
靑山 一面大海之濱 六七日間 數葉官報新聞 外無他可聞 況且近者未接家信 爲
月餘 方紆菀中耳 當隨所得從郵仰報矣 諒會若何 餘不備謹謝禮
　　丙午 九月 十九日 趙生重觀 二拜

땅은 가까우나 사람은 멀어 그리움이 정말 간절하던 차에, 먼저 보내신 편지를 받으니 고맙고도 부끄럽습니다.

하늘이 높은 가을에 행정 중에 체력이 왕성하신 것을 아니, 위로가 됩니다. 그러나 권한이 삭감되어 단지 태수(太守: 군수)라는 명목만 있는 것이 바로 동병상련(同病相憐)이라, 한 번 탄식할 만합니다.

저는 여기 부임한 후 다섯 달 동안 마음과 정신을 다 쏟아, 무릇 아전의 폐단과 백성의 괴로움은 차츰 정리가 되어 갑니다. 그러나 이제 우선 세정(稅政)이 남의 손에 넘어가, 깊은 밤부터 새벽까지 수없이 이리저리 굴리던 길고 짧은 계산이 물처럼 흘러가고 구름처럼 사라졌으니[水流雲空], 다시 또한 무슨 수가 있겠습니까? 북산(北山)의 허물어진 집에서 물 마시며 독서하는 것[38]이 나의 본분인 것을 비로소 깨달았습니다.

저희 군(郡)도 삼면이 산으로 일면이 바다로 싸여 있어 6~7일간 관보(官報)와 신문(新聞) 몇 장밖에 보지 못해, 말씀드릴 만한 소식이 없습니다. 게다가 근자에 집 편지를 받지 못한 지 한 달이나 되어 답답한 상황입니다. 새로운 소식을 듣는 대로 우편으로 알려드릴 터이니, 양해하시기 바랍니다.

나머지 사연은 이만 줄이고 삼가 답장을 올립니다.

　1906년 9월 19일 생(生) 조중관(趙重觀)[39] 올림.

---

38) 남조(南朝) 송(宋)의 공치규(孔稚珪)가 지은 《북산이문(北山移文)》에서 온 말. 공치규가 북산에서 함께 은자 생활을 하다가 변절하고 벼슬길에 나간 주옹(周顒)을 못마땅하게 여기고, 산신령의 이름을 가탁하여 신랄하게 풍자하면서 그가 다시는 산에 들어오지 못하게 한다는 내용이다.

39) 조중관: 1899년 경모궁참봉에 임명된 후 여러 관직을 거쳐 1906년 4월 강진군수가 되었는데, 이 편지는 강진군수 때 보낸 것이다.

地邐人邇詹誦政勤 伏拜
先施
大函既感且愧謹審秋高
令篆體護旺仰慰而至若權
限減削徒存太守之名便是
同病之憐堪發一唱也生菴
茲五朔殫竭心神凡吏弊民
瘼可以稍稍就緒而今者先以稅
政屬之他手深燈曉窓千轉
萬運之長算短籌歸之水流
雲空亦復奈何 始覺北
山破屋飲水讀書爲我本分

① 也鄙治亦在三面青山一面大海
② 之濱六七日間 數葉官報新聞
③ 外無他可聞況且近者未接家
④ 信爲月餘方紆菀中耳
⑤ 當隨所得從郵仰報矣
⑥ 諒會若何餘不備謹謝禮
⑦ 丙午九月十九日 趙生重觀 二拜
⑧ 康津郡印 ［도장］
⑨ 金陵守 謹謝函 ［봉투］

20. 이장용(李章鎔)

(봉투) 沃州 政閣 令執 回升(진도군수 앞)

冠山吏 謹謝函(장흥군수 부침)

| 좌측 상단 도장 隨緣(수연: 인연따라), 白雲中(백운중: 흰 구름 속. 은퇴하여 돌아간다는 뜻) |

向拜時 穩未討懷 旋卽告別 雖緣勢使 其所仰悵 尙切于中 料外伏拜惠函 慰荷
萬萬 況審比熱 令政體上萬旺 何等仰慰憫祝 生公擾支離 言亦辛酸 而至於院訓
事 自度支說明照會 自府亦卽防報 果不至押去之境 然而世事無非如是 豈不深歎
處哉 此邑則近又設警署之致 亦多擾擾 誠非細悶耳 敎事謹悉 而卽依請願 改遞
從他差出 則以此下諒 若何若何 餘不備候謝

丙午 六月 廿八日 生 李章鎔 二拜

접때 뵈었을 때 조용히 회포를 풀지 못한 채 금방 작별을 고하여, 형편상 그리 되었지만 섭섭한 마음이 여전히 간절하던 차에, 뜻밖에 보내신 편지를 받으니, 위로와 감사가 한이 없습니다. 게다가 더운 날씨에도 행정 중에 체력이 왕성하신 것을 아니, 축원하던 마음에 이만한 위로가 어디 있겠습니까?

저는 공무로 지루하여 말하는 것조차 괴롭습니다.

원훈(院訓)[40] 문제는, 탁지부(度支部)[41]에서 설명하여 공문을 보내고[조회(照會)] 부(府)에서도 즉시 방보(防報)[42]하여, 압수하여 가는 지경에 이르지는 않았습니다. 그러나 세상일이 이와 같지 않은 것이 없으니, 어찌 깊이 탄식하지 않겠습니까?

이 군(郡)은 근자에 또 경찰서를 설치하기 때문에 매우 어지러워, 진실로 작은 걱정이 아닙니다.

말씀하신 일은 삼가 잘 알았습니다. 즉시 청원(請願)대로 교체하여 거기서 차출할 것이니, 그렇게 양해하시기 바랍니다. 나머지는 이만 줄이고 답장을 올립니다.

1906년 6월 28일 생(生) 이장용(李章鎔)[43] 올림.

---

40) 원훈: 원의 훈령. 예컨대 경리원(經理院)의 훈령(訓令) 등과 같은 것이다.

41) 1895년에 탁지아문을 고친 조선의 중앙행정부서. 정부의 재무행정을 총괄하였다.

42) 방보: 상급 관아의 지시대로 업무를 수행할 수 없을 때 그 이유를 써서 올리는 보고.

43) 이장용: 1890년 선전관에 임명되고 영천·장기·함열군수를 거쳐 1904년 12월부터 1907년 4월까지 장흥군수를 지냈는데, 이 편지는 장흥군수 때 권중면에게 쓴 것이다. 이후 신청군수를 지냈다.

向拜時穩未討懷旋卽告

別 雖緣勢使其所仰悵

尙切于中料外伏拜

惠函慰荷萬萬況審比

熱

令政體上萬旺何等仰慰

愜祝 生公擾支離言亦辛

酸而至於院訓事自度

支說明照會自府亦卽防

報果不至押去之境然而世事

無非如是豈不深歎處哉

此邑則近又設警署之致

亦多擾擾誠非細悶耳

敎事謹悉 而卽依請願

改遞從他差出 則以此

下諒若何若何餘不備候謝

❶ 沃州政閣令執回升 ㅡ봉투

❷ 冠山吏 謹謝函 ㅡ봉투

❸ 丙午六月二十八日生李章鎔二拜

❹ 隨緣 ㅡ도장

❺ 白雲中 ㅡ도장

21. 김상섭(金商燮)

馬津奉別 恒結夢想 際伏拜先施大械 感荷感荷 伏承審台政體候萬寗 仰叶伏溸
區區誠禱 生姑依直狀 而惟以省節承安爲私幸耳 就悚 移官天恩 感祝且賀矣 其
於珍民之不捨何 古有杜召 乃見其人 以若蘊抱著績已久 而今日珍民之此擧 尤
爲健羨且賀也 伏願姑爲停駕 以符輿情 而且於政府之不許 奈何 惠示仙方 不避
公擾 如是遠注 實所悚悶者耳 餘在續候 不備謹謝
    丁未二月十一日 生 金商燮 再拜

마진(馬津)[44]에서 작별한 후 늘 꿈속에서 그리던 중 먼저 보내신 편지를 받으니, 고맙기 그지없습니다.

편지 보고 대감께서 행정 중에 평안하신 것을 아니, 우러러 축원하던 정성에 위로가 됩니다.

저는 공무를 보느라 여전하며, 오직 어른의 안부가 평안하다는 소식을 받아 사적으로 다행일 뿐입니다.

다름 아니라, 임금의 은혜로 관직을 옮기시는 것은 축하드릴 만한 일입니다.[45] 그러나 진도 주민이 놓아 주지 않는 것을 어떻게 하시겠습니까? 옛날 두소(杜召)[46]가 있었는데, 지금 그 사람을 봅니다. 그런 품은 포부와 두드러진 공적이 이미 오래되어, 오늘 진도 주민의 이런 칭송이 있으니, 더욱 존경스럽고 또 축하드립니다.[47] 일단 수레를 멈추고 뭇 인정에 부응하시기를 원하지만, 정부가 허용하지 않으니 무슨 수가 있겠습니까?

가르쳐 주신 선방(仙方)[48]은, 공무가 바쁘신 가운데 이렇게 멀리 정성을 쏟아 주셔서 실로 송구스럽고 민망할 뿐입니다.

나머지 사연은 다음 편지로 미루고 삼가 답장을 올립니다.

    1907년 2월 11일 생(生) 김상섭(金商燮) 올림.

---

44) 마진: 신안군 안좌면에 마진이라는 곳이 있다.

45) 능주군수로 전보발령을 받았음. 이후 1907년 7월 고종황제가 일제에 의해 강제퇴위당하자 권중면은 바로 군수직을 사임하였다.

46) 두소: 동한(東漢)의 두시(杜詩)와 서한(西漢)의 소신신(召信臣)을 말한다. 모두 남양 태수(南陽太守)가 되어 선정을 베풀어, 백성들이 "앞에는 소부(召父)가 있고 뒤에는 두모(杜母)가 있다."라고 했다. 후에 이 말이 '소부두모(召父杜母)'라는 성어(成語)가 되어, 지방관의 선정을 찬양하는 말로 쓰인다.

47) 현 진도 군청 내에 옛주민들이 세운 송덕비가 보존되어 있다.

48) 선방: 먹으면 장생불로히여 신선이 된다는 단약(丹藥), 또는 그 치방.

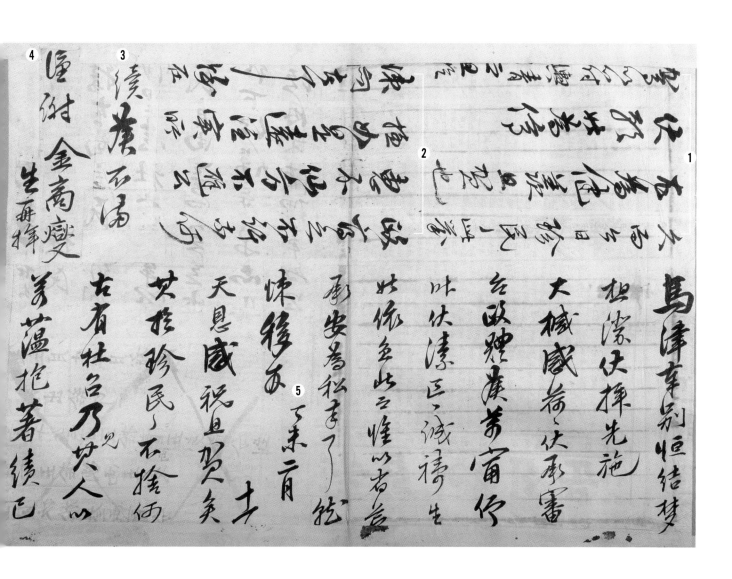

馬津奉別恒結夢
想際伏拜先施
大械感荷感荷伏承審
台政體候萬審仰
叶伏溙區區誠禱　生
姑依直狀而惟以省節
承安爲私幸耳就
悚移官　天恩感祝且賀矣
其於珍民之不捨何
古有杜召乃見其人以
若蘊抱著績已

❺ 丁未二月十一日（편지 날짜）

❹ 謹謝　生　金商燮　再拜

❸ 續候不備

❶
　久而今日珍民之此舉
　尤爲健羨且賀也
　伏願姑爲停
　駕以符輿情而且於

❷
　政府之不許奈何
　惠示仙方不避公
　擾如是遠注實所
　悚悶者耳餘在

22. 민경호(閔慶鎬)

(봉투) 木浦歸 閔主事 謹函(목포에 돌아온 민주사 부침)

| 좌측상단 도장 快樂東便窓(쾌락동편창: 동쪽창이 쾌락), 處德致經, 永嘉權重晃印(안동 권중면 인) |

美赴後 音信莫憑 悵耿正殷 伏惟麥秋 令篆體節臨民萬旺 公務不甚大惱神用 仰
頌且禱 不任鄙恊 朞服生間遭舍伯喪 去晦得由歸鄕 奄過權厝 將上京 到木浦
玆呈數字 以探安節 尾達詳燭 另施千萬 姑閣敬頌夏安

　　　乙巳 五月 十六日 朞服生 閔慶鎬 再拜

令咸氏兄課日同仕 而今到木浦 見新聞則 伯氏台監間除忠南觀察矣 不勝獻賀萬
萬耳 生之舍仲間蒙秘丞 舍從又陞嘉善 慶祝莫大 只切呈稟巳耳

부임하신 후 소식 들을 길 없어 그리움이 정말 간절했습니다. 맥추(麥秋)[49]에 행정 중 안부가 평안하시며, 공무로 정신은 심하게 시달리지 않는지요? 송축하는 저의 정성을 감당할 수 없습니다.

저는 그 사이 큰 형님[舍伯]의 상을 당하여 지난달 그믐에 휴가를 받아 귀향하여 어느새 권조(權厝)[50]를 마치고, 상경하기 위하여 목포에 도착하여 몇 자 소식을 적어 안부를 묻습니다.

끝에 말씀드리는 것[尾達][51]을 상세히 보시고 특별히 베풀어 주시기 바라며, 이만 줄입니다. 여름에 건강하시기 바랍니다.

1905년 5월 16일 기복생(朞服生)[52] 민경호(閔慶鎬) 올림.

함씨(咸氏: 상대방의 조카) 형과는 매일 함께 벼슬살이합니다만, 지금 목포에 도착하여 신문을 보니, 백씨(伯氏) 대감께서 그 사이 충남관찰사에 임명되셨더군요.[53] 축하하여 마지않습니다. 저의 사중(舍仲: 친형제 중 가운데)도 그 사이 비승(秘丞)[54]에 임명되고 사종(舍從: 사촌형제)도 가선대부(嘉善大夫)에 올랐으니, 이만한 경사가 없습니다. 단지 간절히 말씀드릴 뿐입니다.

---

49) 맥추: 보리가 익는 계절. 5월.

50) 권조: 정식 장례 때까지 임시로 관을 묻음. 권폄(權窆).

51) 끝에 말씀드리는 것: 부탁하는 사연을 따로 쓴 별지를 가리키는 것으로 보인다.

52) 기복인(期服人): 기복상(期服喪) 중에 있는 사람. 기복은 1년 동안 입는 상복으로 조부모, 백·숙모, 시집가지 않은 고모, 형제, 여자 형제, 아내, 조카, 적손(嫡孫)의 상에 입으며, 또 아버지가 아들의 상에, 시집간 여자가 조부모와 부모의 상에 입었다.

53) 백씨 …… 임명되셨더군요:《국역승정원일기》에 의하면, 권중면의 맏형 권중현(權重顯)은 1905년 5월 4일 충청도 관찰사에 임명되었다.

54) 비승: 비서원(祕書院) 승(丞)을 말한다. 비서원은 왕명의 출납과 기록을 맡아보던 승정원(承政院)과 같은 기관으로, 1895년 승선원(承宣院)을 비서감(祕書監)으로 고쳤다가 같은 해에 비서원으로 개칭하였다.

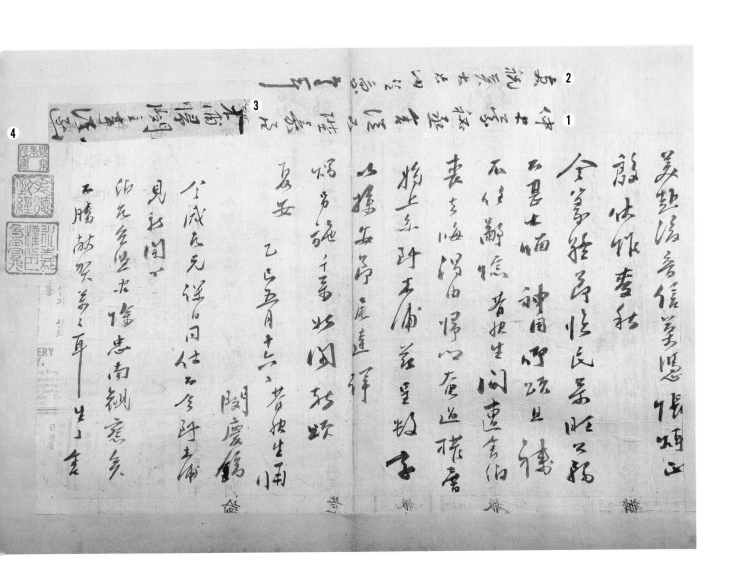

美赴後音信莫憑悵耿正

殷伏惟麥秋

令篆體節臨民萬旺公務

不甚大惱 神用仰頌且禱

不任鄙悆 朞服生間遭舍伯

喪去晦得由歸鄕奄過權厝

將上京到木浦玆呈數字

以探安節尾達詳

燭另施千萬姑閣敬頌

夏安

乙巳 五月 十六日 朞服生 閔慶鎬 再拜

令咸氏兄課日同仕而今到木浦

見新聞則

伯氏台監間除忠南觀察矣

不勝獻賀萬萬耳生之舍

❶ 仲間蒙秘丞舍從又陞嘉善

❷ 慶祝莫大只切呈稟已耳

❸ 木浦歸 閔主事 謹函 ——봉투

❹ 快樂東便窓，處德致經，永嘉權重冕印 ——도장

23. 산본금태(山本金太)

(봉투) 韓國 全羅南道 珍島郡守 權重冕 殿(한국 전라남도 진도군수 권중면 앞)

　　日本 愛知縣 三河國 碧海郡 野田村 字二本木山 山本金太 拜(일본 애지현 삼하국

　　벽해군 야전촌 자이본목산 산본금태 올림)

　　　　二月十七日 出發

歸時因病未克造別 悵與悚兼 敬惟卽下 令政體節萬寗 公務不甚下惱否 仰頌且
禱 小生駄病歸國 路億添祟 尙薪快蘇 自憐難旣耳 第在圍時多賴毗護之拔例 無
異終一年之務 何等感朕 而那又更續前緣 以攄未盡之懷耶 每於春樹暮雲 耿耿
懷仰 亦不減萬里李杜也 倘未知貴下亦念到此否 餘因病倩書 姑不備敬

　　光武 十一年 二月 十七日 山本金太 拜啓

　　珍島郡守

　　權重冕 貴下 狀

돌아올 때 병 때문에 가서 뵙고 작별하지 못하여, 섭섭하고 죄송스러웠습니다. 이때 행정 중에 평안하시
며 공무는 심히 힘들지 않으신지요? 우러러 송축 드립니다.

　저는 병든 몸으로 귀국한 데다 여독으로 병이 더하여 아직 완전히 회복하지 못하고, 스스로 가련함이 이
루 말할 수 없습니다.

　다만, 포(圃)[55]에 있을 때 특별히 도우고 보호해 주신 데 힘입은 것은 한 해의 업무를 마친 것과 다름이
없습니다. 그만한 고마움이 어디 있겠습니까? 어떻게 또 지난날의 인연을 다시 이어 못 다한 정회를 풀 수
있겠습니까? 봄 나무와 저녁 구름[春樹暮雲]을 볼 때마다 언뜻언뜻 떠오르는 그리움이 서로 만 리 떨어졌던
이백과 두보에[56] 못지않습니다. 귀하께서도 혹시 이런 생각을 하시는지요?

　나머지 사연은, 병 때문에 대필시키기에 이만 줄이고 삼가 편지를 올립니다.

　　1907년[광무(光武)[57] 21] 2월 17일 산본금태(山本金太) 올림.

　　진도군수 권중면(權重冕) 귀하께 올리는 편지

---

55) 포: 목포를 가리키는 것으로 보인다.

56) 봄 나무와 …… 두보에: 당(唐) 두보(杜甫)의 시 〈봄날 이백을 그리워하다[春日憶李白]〉에 "위수 북쪽에는 봄 나무, 강동에는 저녁 구름
　　[渭北春天樹 江東日暮雲]."이라고 한 데서 가져온 내용이다.

57) 대한제국(1987~1910)의 연호

歸時因病未克造別悵與悚

兼敬惟即下

令政體節萬審 公務不甚

下惱否仰頌且禱 小生駄病歸

國路德添崇尙蕲快蘇自

憐難旣耳第在圍時

多賴毗護之拔例無異終一年

之務何等感暆而那又更續前

緣以攄未盡之懷耶每於春樹

暮雲耿耿懷仰亦不減萬里李

杜也倘未知

貴下亦念到此否餘因病倩書姑

不備敬

光武十一年 二月 十七日 山本金太

拜啓

珍島郡守

權重冕 貴下 狀

❶ 韓國 全羅南道 ❷ 珍島郡守 ❸ 權重冕 殿

❹ 日本 愛知縣 三河國 碧海郡

❺ 野田村 字二本木山

❻ 山本金太 拜

❼ 二月十七日 出發

24. 이준규(李峻奎)

(봉투) 南平吏 上函(남평군수 부침)

昨見朝報 始知令兄之依願 是曷故焉 此時請兔 可謂知進知退 如非吾兄之手段
豈能若是哉 欽仰不已 還爲愧悚 無已自瀆 伏惟老炎尙煥 令旅體萬旺 治行凡節
果無爲慮耶 已遞之地 若久留其地 似有昌皮之慮 玆仰告 望須枉駕于鄙邊 以爲
治行 亦自無妨 諒下枉存如何 餘爲探不備候上
　　　丁未 七月 念二日 弟 李峻奎 拜上

　어제 조보(朝報)를 보고 형의 의원면직(依願免職)을 비로소 알았습니다. 이것이 무슨 까닭입니까? 이때 면직하는 것은 "나아갈 때를 알고 물러날 때를 안다."고 할 수 있으니, 우리 형의 처신 능력[手段]이 아니면 어찌 이렇게 할 수 있겠습니까? 존경하여 마지않다가 도리어 부끄럽고 황송하여 스스로 끊임없이 속죄했습니다.

　늦더위가 아직 따가운데, 객지의 안부가 평안하시며 행장을 꾸리는 여러 절차는 걱정되는 점이 없는지요? 이미 체직(遞職: 벼슬을 갈아냄)된 입장에 그곳에 오래 머물면, 창피할 염려가 있을 것 같습니다. 그래서 이렇게 말씀드리는데, 이쪽으로 오셔서 행장을 꾸리는 것도 무방하니 잘 헤아려 왕림하시기 바랍니다.

　문안 인사만 올리며, 나머지 사연은 이만 줄이고 편지를 올립니다.

　　1907년 7월 22일 제(弟) 이준규(李峻奎)**58** 올림.

---

58) 이준규: 1899년 내부병원장(內部病院長)을 지낸 의관인데, 여러 지방관을 거쳐 1906년 8월 남평군수에 임용되었다. 남평군은 전남 나주시 남평읍 일대에 있었던 옛고을이다. 이 편지는 남평군수 때 권중면에게 보낸 것으로 보인다.

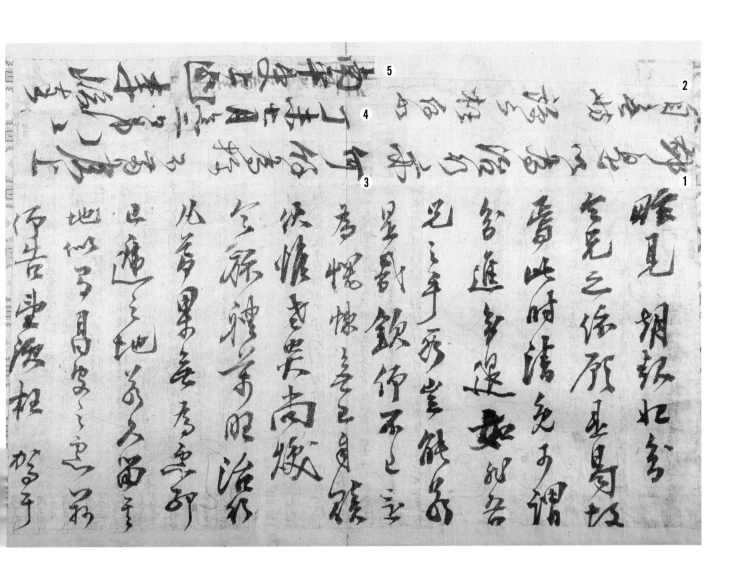

昨見朝報始知
令兄之依願是曷故
焉此時請免可謂
知進知退如非吾
兄之手段豈能若
是哉欽仰不已還
爲愧悚無已自瀆
伏惟老炎尚煥
令旅體萬旺治行
凡節果無爲慮耶
已遞之地若久留其
地似有昌皮之慮玆
仰告望須枉 駕于

❶ 鄙邊以爲治行亦
❷ 自無妨 諒下枉存如
❸ 何餘爲探不備候上
❹ 丁未七月念二日弟拜上
❺ 南平吏 上函 李峻奎

25. 권중찬(權重瓚)

(봉투) 鎭衛謹候函(진남군수 부침)

(도장) 鎭南郡印(진남군인)

涯角相阻 魚鴈久闊 翹首天末 悵黤悵黤 謹詢新凉 令體節無損於扁舟搖搖之餘
遠切仰頌仰頌 急流勇退 可謂先獲 而有何慎節 至此請願圖免耶 切爲綾州民惜之
惜之 四從來此海隅 喫盡許多苦況 而幸無現恙 此可自慰 當此變革之日 所帶此
任 自知不久 而負債如山 起身無計 浩歎浩歎 秋風初起 忽憶古人蓴鱸而不可得
也 爲探近節 姑留不備候禮

　　　丁未 陰七月 卄七日 四從 重瓚 拜上

먼 바닷가에 서로 떨어져 소식 끊긴 지 오래되어, 고개 들어 하늘 끝을 보니 몹시 서글픕니다.

초가을에 조각배를 타고 흔들린 후 건강에 손상은 없는지요? 멀리서 간절히 송축드립니다.

급류용퇴(急流勇退)[59]를 먼저 실행했다고 할 수 있습니다. 그런데 무슨 병환[慎節]이 있어서 이렇게 청원하여 면직하셨는지요? 능주(綾州: 지금의 화순)의 주민을 위하여 몹시 애석합니다.

저는 이곳 바닷가에 와서 허다한 괴로운 상황을 다 맛보았으나, 다행이 두드러진 병이 없어서 자위할 만합니다. 이런 변혁의 날을 만나 이런 관직을 가지는 것이 오래 가지 못한다는 것을 스스로 알지만, 부채가 산처럼 많아 몸을 뺄 길이 없어 크게 탄식할 뿐입니다. 가을바람이 불기 시작하니 갑자기 옛사람의 순노(蓴鱸)[60]가 생각나지만, 어쩔 수가 없습니다.

근자의 안부를 묻기 위하여 잠깐 쓰고 이만 줄입니다.

　　1907년 7월 27일 사종(四從: 십촌뻘 되는 형제 자매) 중찬(重瓚)[61] 올림.

---

59) 급류용퇴: 때맞추어 벼슬에서 물러남으로써 자신을 지킨다는 의미. 송(宋) 소백온(邵伯溫)의 《문견전록(聞見前錄)》에 나오는 다음 이야기에서 온 말이다. 송(宋) 전약수(錢若水)가 도사 진단(陳搏)을 만나러 가니, 한 노승(老僧)이 화로를 끼고 앉아 있었다. 노승이 전약수를 한참 보더니 부젓가락으로 재에다 "做不得[해도 안 된다.]" 세 글자를 쓰고 천천히 말했다. "이 사람은 급류에서 용퇴한 사람이다.[是急流中勇退人也]" 이 말은 전약수는 도저히 신선이 될 수 없지만, 관직에 연연하는 사람은 아니라는 의미이다.

60) 순노: 순갱노회(蓴羹鱸膾: 순채국과 농어회)의 준말. 진(晉) 장한(張翰)이 가을바람이 불자 그 맛이 생각나서 벼슬을 그만두고 고향으로 내려갔다는 고사가 있다.《진서(晉書) 문원전(文苑傳) 장한(張翰)》

61) 권중찬: 1904년 경흥감리 겸임 경흥재판소 판사에 임명되고 덕원군수를 거쳐 1906년 8월 진남군수에 임명되었다. 진남군은 1900년에 통제영 전역과 고성군의 도선면 등 3개 면, 그리고 거제군의 가좌도와 한산도를 편입하여 만든 군이다. 1909년에는 다시 용남군(龍南郡)으로 개칭되었다.

涯角相阻魚鴈久闊翹
首天末悵黯悵黯謹詢新涼
令體菶無損於扁舟搖搖
之餘遠切仰頌仰頌急流勇退
可謂先獲而有何
愼節至此請願圖免耶切
爲綾州民惜之惜之四從來此
海隅喫盡許多苦況而幸無
現恙此可自慰當此變革之
日所帶此任自知不久而負
債如山起身無計浩歎浩歎秋風
初起忽憶古人蓴鱸而不可

26. 홍재하(洪在夏)①

| 좌측 상단 도장 爲善最樂(위선최락: 착한 일을 함이 가장 큰 즐거움), 廣行陰騭上格蒼穹(광행음질상

격창궁: 음덕을 널리 행하면 하늘을 감동시킴) |

向覆尚慰 恭惟春邕 令服體普安 向時宅內憂患 今則平常否 令伯氏大監腫患亦若

何 并仰溯且念 實用願聞 戚從慈候依前 迷兒之病 近則少可 尚是難治中 見甚

悶沓耳 爲探各宅諸節 姑此通候 不備禮

四月 卄日 戚從 洪在夏 拜

접때 답장은 아직도 위로가 됩니다. 화창한 봄날에 상중의 안부가 두루 평안하시며, 지난 번 댁내의 우환은 지금은 평상으로 돌아왔는지요? 백씨(伯氏) 대감의 종환(腫患)은 또 어떠한지요? 모두 궁금하고 걱정이 되어, 실로 듣고 싶습니다.

저는 어머니의 환후가 여전하고 아이의 병은 근자에 조금 나았으나, 아직도 어렵게 치료하는 중이라 몹시 걱정스럽고 답답할 뿐입니다.

각 댁(宅)의 여러 안부를 묻느라 우선 이렇게 편지를 올리고 이만 줄입니다.

4월 20일 척종(戚從)[62] 홍재하(洪在夏)[63] 올림.

---

62) 주로 편지글에서 성이 다른 일가에게 자신을 가리키는 대명사

63) 홍재하: 1882년 무과 출신으로 삼군부 종사관에 임명되고 여러 관직을 거쳐 1907년 5월 농상공부 서기관에 임용되었다.

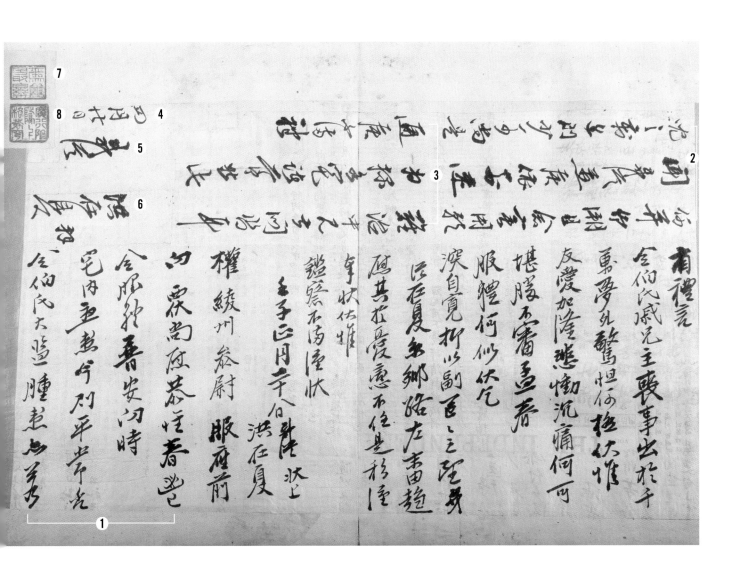

27. 홍재하(洪在夏)②

省禮言　令伯氏戚兄主喪事　出於千萬夢外　驚怛何極　伏惟友愛加隆悲慟沈痛　何
可堪勝　不審孟春　服體何似　伏乞深自寬抑　以副區區之望　戚從在夏京鄕路左　末
由趨慰　其於憂戀　不任是私　謹奉狀　伏惟鑑察　不備謹狀

　　壬子正月二十八日　戚從　洪在夏　狀上

權　綾州　參尉　服座前

생례언(省禮言).**64** 백씨(伯氏) 척형주(戚兄主)**65**의 상사가 천만 뜻밖에 나서 놀랍고 슬프기 한이 없습니다. 우애가 유난히 깊은데, 슬픔과 아픔을 어떻게 감당하시며, 초봄에 상중의 안부가 어떠하신지요? 스스로 마음을 너그럽게 가지고 슬픔을 억제하심으로써 저의 바람에 부응하시기를 빕니다.

서울과 시골이 길이 멀어 달려가 위문하지 못하니, 걱정스럽고 그리운 마음을 감당하지 못하겠습니다. 헤아리시기 바라며 이만 줄이고 삼가 위문 편지를 올립니다.

1912년 정월 28일 척종(戚從) 홍재하(洪在夏) 올림.

권 능주(權綾州) 참위(參尉) 복좌(服座) 앞

---

64) 생례언: "예의는 생략하고 말씀드립니다."라는 뜻. 상중에 있는 사람에게 쓰는 편지의 서두에 인사말 대신 쓰는 표현. 생식언(省式言).

65) 백씨 척형주: 편지 수신인 권중면의 백씨(만형)이자, 편지 필자 홍재하에게는 인척 형님이 되는 사람이다.

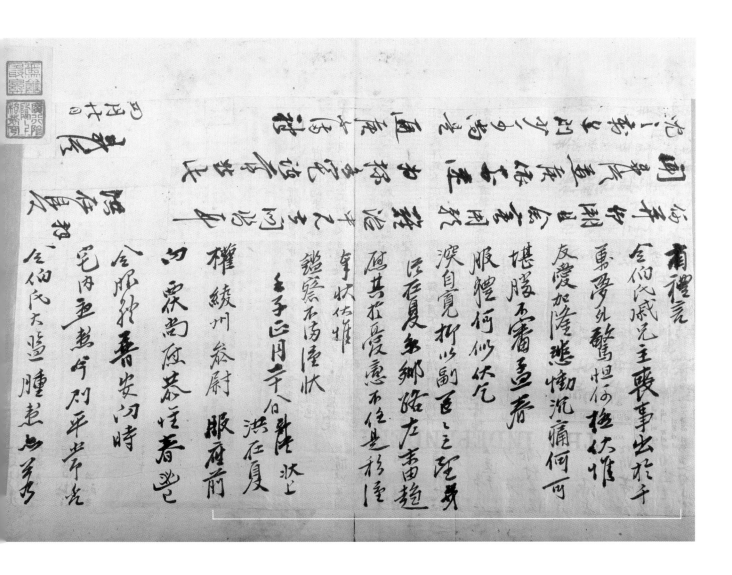

省禮言

令伯氏戚兄主喪事出於千

萬夢外驚怛何極伏惟

友愛加隆悲慟沈痛何可

堪膝不審孟春

服體何似伏乞

深自寬抑以副區區之望戚

從在夏京鄉路左末由趨

慰其於憂戀不任是私謹

奉狀伏惟

鑑察不備謹狀

壬子正月二十八日 戚從 洪在夏 狀上

權 綾州 參尉 服座前

28. 김성한(金聲漢)

(봉투) 綾州 政閣 入納(능주군수 앞)

光道旅謹夏(전남 광주에서 부침)

三度惠翰 次第奉覽 慰荷曷勝 更伏問晚烘 調節間果復常 仰慮憧憧 弟依昨已耳
今番各郡會議時 意謂團聚穩話矣 道有不然之端 竟未如意 諸益團會之席 不無
可一之歎 極甚悵然 何可形喻 珍島事 旣無躬犯之地 有何償誤之慮耶 勿爲過慮
如何 貴郡主事 無擾參會 有令兄下來之敎 故提誦于宣堂 玆還去 諒之如何 紙
屬 緊感萬萬耳 餘留續不備謝禮

七月 十八日 弟 聲漢 拜上

세 번 보내신 편지를 차례로 읽으니, 위로와 고마움을 감당할 수 없습니다. 늦더위에도 그 사이 몸조리하여 정상으로 회복하셨는지요? 걱정되어 마음을 놓을 수 없습니다.

저는 여전할 뿐입니다.

이번 각 군(郡) 회의 때 단란하게 모여 편안하게 회포를 풀려고 했으나, 길에 그러지 못할 사정이 생겨서 끝내 뜻을 이루지 못했습니다. 벗들이 모여 앉은 자리에 가일(可一)의 탄식[66]이 없지 않았습니다. 극심한 섭섭함을 어찌 말로 표현할 수 있겠습니까?

진도(珍島) 일은, 이미 직접 어긴 일이 없는데 무슨 잘못되어 그르칠 염려가 있겠습니까? 지나치게 염려하지 마시기 바랍니다.

귀 군의 주사(主事)가 어려움 없이 회의에 참석하여 형이 내려오겠다고 말씀하셨다고 전하기에 선당(宣堂)[67]에서 시를 읊었는데, 그것을 지금 보내드리니 그리 아시기 바랍니다.

보내 주신 종이류는 긴요한 것이라 깊이 감사드립니다. 나머지 사연은 다음 편지로 미루고 이만 줄입니다.

1907년 7월 18일 제(弟) 성한(聲漢)[68] 올림.

---

66) 가일(可一)의 탄식: 동진(東晉)의 왕휘지(王徽之)가 대나무를 무척 좋아하여 "어찌 하루라도 이 군이 없이 살아갈 수 있겠는가.[何可一日無此君]"라고 탄식한 것을 말한다. 모임에 참석하지 못한 상대방을 대나무에 비유하여 말한 것이다.

67) 선당: 관찰사가 사무를 보는 대청. 선화당(宣化堂).

68) 김성한: 1894년 좌세마에 제수되고 탁지부 재무관을 거쳐 1907년 4월 5일 전라남도 관찰도 참서관에 임용되었는데, 그 후 쓴 편지이다. 봉투에 있는 '光道'는 광주에 청사가 있던 전라남도 관찰도를 말한다. 1896년에 행정구역을 13도로 나눈 이후 관찰부(觀察府)가 있던 각 도(道)를 관찰도라고 했다.

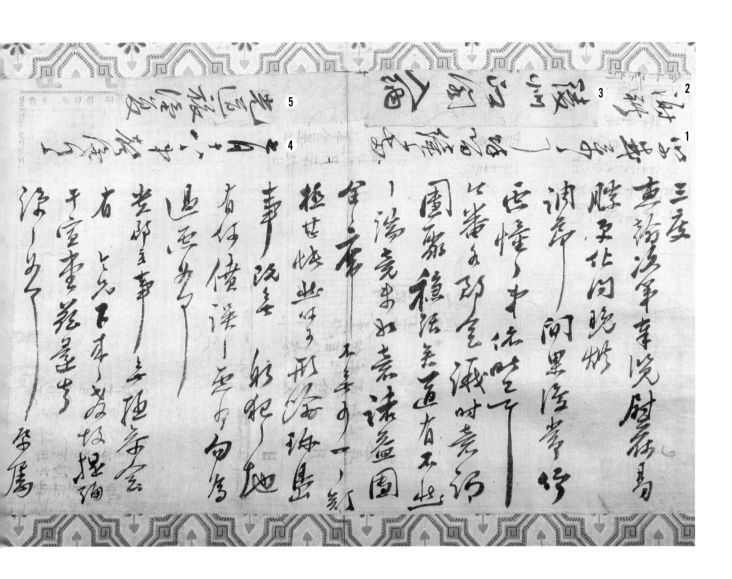

三度

惠翰次第奉覽慰荷曷
勝更伏問晚烘
調節間果復常仰
慮憧憧弟依昨已耳
今番各郡會議時意謂
團聚穩話矣道有不然
之端竟未如意諸益團
會之席不無可一之歎
極甚悵然何可形喩珍島
事旣無 躬犯之地
有何債誤之慮耶勿爲
過慮如何
貴郡主事無擾參會
有 令兄下來之敎故提誦
于宣堂玆還去
諒之如何 紙屬

❶ 緊感萬萬耳 餘留續不備
❷ 謝禮
❸ 綾州 政閣 入納 一봉투
❹ 七月十八日弟聲漢拜上
❺ 光道旅謹夏 一봉투

29. 이병화(李秉和)

(봉투) 權承旨重冕閣下(권승지중면각하)

| 도장 日三省吾(일삼성오: 매일 세 가지를 스스로 반성함), 翠仍(취잉: 권중면의 또 다른 호) |

潦收凉生 詹昂政切 卽伏拜惠械 慰荷滿萬 矧審比來 令體增護萬旺 何等仰喜叶
頌而 閤患之彌重 想是宿症 然熏惱則切矣 旋庸獻慮萬萬 弟慈親患候 尙靳復常
日宵煎悶 如何仰道而 身家亦以雜症 寧日恒少 此係無往非衰狀也 悶憐奈何 惟
所慰者 年事逢豊 百穀稍稍登場 隣比俱爲免窮 甚萬幸萬幸耳 餘留續 不備上謝
　　辛亥 八月 初四日 弟李秉和拜

　장마가 걷히고 서늘한 바람이 불어 그리움이 더욱 간절하던 차에, 보내신 편지를 받으니 위로와 감사가 더할 나위 없습니다. 게다가 요즘 체력이 왕성하신 것을 아니, 송축하던 마음에 그만한 기쁨이 어디 있겠습니까? 그러나 합환(閤患)[69]이 더욱 위중하시다니, 숙환인 것 같은데 몹시 애가 타고 힘드실 것이 문득 염려가 됩니다.

　저는 어머니의 환후가 아직 회복되지 않아, 밤낮 애태우는 심정을 어찌 말할 수가 있겠습니까? 그리고 저 자신과 가족 또한 잡다한 병으로 편안한 날이 늘 적으니, 어디든 쇠약한 상황이 아닌 곳이 없습니다. 걱정스럽고 딱하지만 무슨 수가 있겠습니까?

　오직 위로되는 일은 농사가 풍년이라 온갖 곡식이 차차 익어 이웃이 모두 곤궁함을 면하여 천만다행인 것일 뿐입니다.

　나머지 사연은 다음 편지로 미루고 이만 줄이고 답장을 올립니다.

　　1911년 8월 4일 제(弟) 이병화(李秉和) 올림.

---

69) 합환: 합부인(閤夫人)의 환후(患候). 합부인은 상대방의 부인을 높여 이르는 말.

潦收凉生詹昂政切卽伏拜

惠椷慰荷滿萬剉審比來

令體增護萬旺何等仰喜叶頌而

閤患之彌重想是宿症然熏惱則

切矣旋庸獻慮萬萬弟慈親患

候尙靳復常日宵煎悶　如何

仰道而身家亦以雜症寧日恒少

此係無往非衰狀也悶憐奈何惟

所慰者年事逢豐百穀稍稍登

場隣比俱爲免窮　甚萬幸萬幸耳

餘留續不備上謝

辛亥八月初四日　弟李秉和拜

❶ 權承旨重冕閣下 —봉투

❷ 日三省吾, 翠仍 —도장

30. 김우현(金宇鉉)

(봉투) 權 綾州 重晃 令執 惠啓(권승면 능주군수 앞)

　　全南靈巖郡廳□

曩拜惠問 良荷万万 而因敎事之未見下回 尚稽仰謝 然悵悚則極 第伏惟比來麥
秋 令體万旺 令仲氏大監諸節一寧 覃府勻穩 仰溯且頌 弟南來殆近四個朔 所謂
公務 一無定緒 只有藍丞之歎 而路遠郵遲 家信亦莫頻聞 以是尤悶耳 俯示命山
畓事 雖無令戒與令仲氏台敎 弟於吾兄所關事 安敢汎視耶 然而事非郡廳所可辦
理 故於其民願 並以却下題給 只使間接說諭矣 近又探聞 則該畓作人等皆已注
秧然 蓋此事理若不卽司敗求決 則必難歸正也 以此諒財如何如何 弟則但說諭非
理起鬧之理由於該洞民人等處已耳 餘擾甚 姑閣敬上

　　六月十七日 弟 金宇鉉 拜上

접때 보내신 편지를 받고 정말 더없이 감사했으나, 말씀하신 일의 결과를 보지 못하여 여태 답장을 미루어 몹시 죄송스러웠습니다.

요즘 맥추(麥秋: 보리 익는 계절)에 안부가 평안하시며, 중씨(仲氏) 대감의 안부도 한결같이 안녕하시며, 집안 두루 평온하신지요? 궁금하고 또 축원드립니다.

저는 남쪽에 온 지 거의 4개월 가까이 되었습니다. 소위 '공무(公務)'는 실마리를 잡은 것이 하나도 없고 단지 남승(藍丞)[70]의 탄식만 할 뿐이며, 길이 멀고 우편이 더뎌서 집 소식도 자주 듣지 못하여 더욱 걱정스러울 뿐입니다.

말씀하신 명산(命山)의 논[畓] 문제는, 형의 경계(警戒)와 중씨 대감의 말씀이 없더라도 제가 우리 형과 관련된 문제에 대하여 어찌 감히 대강 보아 넘기겠습니까? 그러나 일이 군청에서 처리할 수 있는 것이 아니기 때문에, 그 민원(民願)에 대하여 모두 '각하(却下: 물리침)'라고 제급(題給)[71]하고 단지 간접적으로 설명하여 알리게 했습니다. 근자에 또 탐문하니, 해당 논의 작인(作人)들이 모두 이미 주앙(注秧: 못자리에 볍씨를 뿌림)

---

70) 남승: 남전현승(藍田縣丞)의 준말. 당(唐) 한유(韓愈)의 《남전현승청벽기(藍田縣丞廳壁記)에서 온 말로, 현승은 부현령(副縣令) 격이어서 결재하는 권한은 없고 오직 서류를 검열할 뿐이라는 뜻이다.

71) 제급: 수령에게 올린 민원에 제음(題音: 처분)을 써서 내어 줌.

한 것 같습니다. 대개 사리로 볼 때 만약 사패(司敗: 재판소)[72]에 가서 판결을 구하지 않으면, 필시 바로잡기 어려울 것입니다. 그렇게 아시고 헤아려서 처리하시기 바랍니다. 저는 단지 비리(非理)로 시끄러운 일이 생긴 이유를 해당 동의 민인(民人)들에게 설명하여 알릴 뿐입니다.

나머지 사연은 몹시 바빠서 이만 줄이고 편지를 올립니다.

1907년 6월 17일 제(弟) 김우현(金宇鉉)[73] 올림.

---

72) 사패: 원래 사구(司寇)로서 형(刑)을 맡은 관직을 말하는데, 이 당시에는 이미 재판소가 설치되어 있었으므로 그것을 가리키는 것으로 보인다.

73) 김우현: 1900년 한성부 주사에 임명되고 한성부 참서관을 거쳐 1907년 1월 진해만군항지조사위원에 임명된 같은 이름의 인물이 있다.

間接說諭矣近又探聞則該

畓作人等皆已注秧然蓋此

事理若不卽司敗求決則必難

❶ 權綾州重冕令執惠啓 ─ 봉투

❷ 歸正也以此

❸ 已耳餘擾甚

❹ 諒財如何如何弟則但說諭非理

❺ 起鬧之理由於該洞民人等處

❻ 姑閣敬上

❼ 六月十七日弟金宇鉉拜上

❽ 全南靈巖郡廳□ ─ 봉투

82

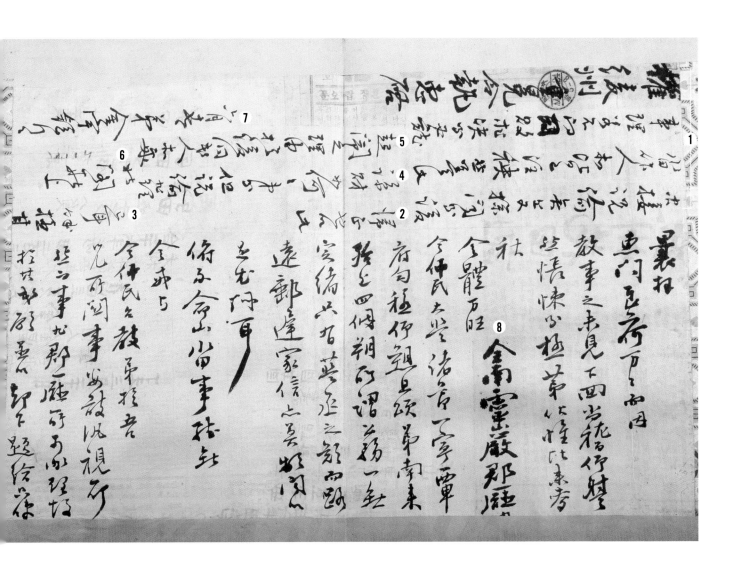

曩拜

惠問良荷万万而因

教事之未見下回 尚稽仰謝

然悵悚則極第伏惟比來麥

秋

令體万旺

令仲氏大監諸節一寧覃

府勻穩仰溯且頌弟南來

殆近四個朔所謂公務一無

定緖只有藍丞之歎而路

遠郵遲家信亦莫頻聞以

是尤悶耳

俯示命山畓事雖無

令戒與

令仲氏台敎弟於吾

兄所關事安敢汎視耶

然而事非郡廳所可辦理故

於其民願並以却下題給只使

31. 권필(權泌)

(봉투) 綾州宅(능주댁)

　　　寺洞案上(사동에서 부침)

積阻誦仰　無日不勤　近拜伯氏大監　略探近節矣　伏維令棣體萬旺　伏頌伏頌　族生
老親間蒙恩資　當入耆社於明日矣　因族間例爲隨參於肅拜之日矣　故玆以仰告　幸
於伊日午正　枉臨齋洞南判書家　千萬千萬　餘爲此不備上

　　十五日　族生　泌　拜上

오래 소식 막혀 그리움이 간절하지 않은 날이 없다가, 근자에 백씨(伯氏) 대감을 뵙고 최근 안부를 대략 들었습니다. 형제분의 안부가 평안하시기를 송축드립니다.

저는 노친(老親)께서 그 사이에 은자(恩資: 임금의 은혜로 품계가 올라감)를 입어 내일 기로소(耆老所)[74]에 들어가게 되었습니다. 사은숙배하는 날 동족 간에 으레 따라서 참석해 왔기 때문에 이렇게 말씀드리니, 그 날[伊日] 정오에 재동(齋洞) 남(南) 판서 집에 왕림해 주시기를 간절히 바랍니다.

나머지는 이만 줄이고 편지를 올립니다.

　15일 족생(族生) 필(泌)[75] 올림.

---

74) 기로소: 나이가 많은 임금이나 실직(實職)에 있고 70세가 넘는 정2품(正二品) 이상의 문관(文官)들을 대우하기 위하여 설치한 관서.

75) 권필: 1897년 내부주사에 임명되었다.

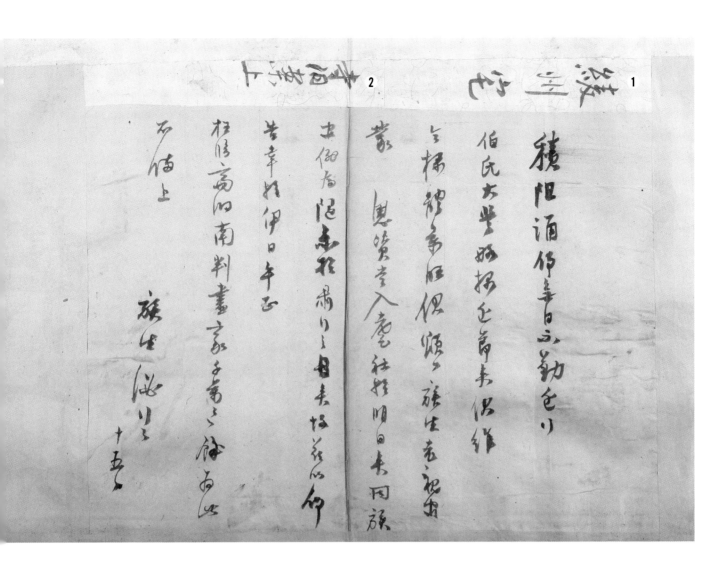

積阻誦仰無日不勤近拜
伯氏大監略探近節矣伏維
令棣體萬旺伏頌伏頌族生老親間
蒙 恩資當入耋社於明日矣因族
間例爲隨參於肅拜之日矣故玆以仰
告幸於伊日午正
枉臨齋洞南判書家千萬千萬餘爲此
不備上

族生 泌 拜上 十五日

32. 이병화(李秉和)

(봉투) 永同邑内 南丁里 四統 二户(영동읍내 남정리 4동 2호)

　　權 綾州 重晃 閣下(권 능주 중면 각하)

(우체국 소인)

一白以後 伏枕呻病 已半載矣 無暇一書探候 居常詹誦 無日不耿耿于中 意禭卽
伏拜審令服體棣護萬重 覃節均寧 仰慰協祝 實非例言 弟素祟新病 日以辛吟 少
無陽界上佳貺 而親癠亦以一直苦㞃 悶灼何狀 第胤郞之續絃 尚云晚矣 以若情
勢 何待闋期也 良閨旣入德門 則凡節亦當孔嘉矣 賢閨侍奉 從可以穩享淸福也
此何等獻賀萬萬也哉 人事變遷 從古如也 歎恨奈何奈何 只自臨楮鳴咽 不覺潛
淚已也 餘留不備謝狀上

　　陰八月 九日 弟 李秉和 拜上

　　한 번 말씀드린 후로 병으로 누워 신음한 지 이미 반년이 되었습니다. 문안 편지 한 장 쓸 겨를이 없이 늘 그리워하며 마음속에 잠시도 잊은 적이 없습니다. 뜻밖에 지금 편지를 받아, 상중에 형제분이 건강하시며 집안 두루 평안하신 것을 아니, 축원하던 마음에 위로가 되는 것이 으레 하는 말이 아닙니다.

　　저는 평소의 빌미로 새 병이 나서 날마다 신음하느라 인간세상[陽界]의 아름다운 재미는 조금도 없으며, 아버지 병환[親癠] 또한 계속 더욱 심하여 애타는 마음이 이루 말할 수 없습니다.

　　다름 아니라, 아드님[胤郞]의 재취[續絃]76가 오히려 늦다고 할 만한데, 그런 형편으로 어찌하여 상기(喪期)가 끝나기를 기다리십니까? 좋은 규수가 덕문(德門)77에 들어오고 나면, 모든 생활 또한 놀랍게 좋아질 것입니다. 그로부터 현명한 규수의 시봉을 받으며 편안하게 청복(淸福)을 누릴 수 있습니다. 이렇게 축하할 일이 세상에 어디 있겠습니까? 사람의 일이 변천하는 것은 예로부터 그래 왔습니다. 한탄한들 무슨 수가 있겠습니까? 편지를 쓰려니 저절로 목이 메어 나도 모르게 눈물이 납니다.78

　　나머지 사연은 이만 줄이고 답장을 올립니다.

　　음력 8월 9일 제(弟) 이병화(李秉和) 올림.

---

76) 속현: 부부 사이를 금슬(琴瑟)로 비유하므로 상처(喪妻)한 것을 "현이 끊어졌다[단현(斷弦)]"고 하고 재취(再娶)하는 것을 "현을 잇는다[續弦]"고 했다.

77) 덕문: 남의 가문을 높여 이르는 말.

78) 편지의 필자 이병화와 수신자 권중면은 사돈 간인데, 이병화의 딸이 권중면의 아들(권태훈)에게 시집가서(1909년) 죽은(1912년-권태훈 연보에 나옴) 후에 쓴 편지인 것으로 보인다.

一白以後伏枕唫病已半載矣無
暇一書探候居常詹誦無日不
耿耿于中意褶居常詹誦無日不
令服體樣護萬重覃節均伏拜審
慰協祝實非例言弟素崇新病
日以辛吟少無陽界上佳旣而親
癠亦以一直苦欲悶灼何狀第胤
郎之續絃尙云晚矣以若情勢何
待闋期也良閨旣入德門則凡節亦
當孔嘉矣賢閨侍奉從可以穩享
淸福也此何等獻賀萬萬也哉人
事變遷從古如也歎恨奈何奈何只
自臨楮鳴咽不覺濟淚已也餘留
不備謝狀上

　　陰八月九日弟李秉和拜上

❶ 永同邑內 南丁里 四統 二戶
　　우체국
　　소인
　　봉투

❷ 權
　綾州 重冕 閣下

33. 목원학(睦源學)

(봉투) 權 綾州 宅(권능주 댁)

　　　堤川吏 謹椷(제천 벼슬아치 부침)

吾兄作宰以後　落落阻候　于今幾何　自訟自咎　伏惟新元　令體迓新川休　閤度均慶
潄仰願聞　弟昨年到此郡　以事滾汩中　長時不寧　是以悶泄耳　定宅何地　近做甚事
而消遣耶　爲探不備上

　　　己元三日　弟　睦源學　拜手

우리 형이 수령이 된 후 까마득히 소식이 막힌 지 지금 얼마나 되었습니까? 스스로 책망하고 스스로 꾸짖습니다. 정초에 체력이 새해를 맞아 왕성하시며 가내 모두 평안하신지요? 궁금하여 알고 싶습니다. 저는 작년에 이 군(郡)에 부임한 후 일 때문에 몹시 바쁜 가운데 오랫동안 편치 않아 몹시 걱정스러울 뿐입니다.

댁은 어디로 정했으며, 요즘 무슨 일을 하며 지내시는지요?

문안편지 올리며 이만 줄입니다.

1909년 정월 3일 제(弟) 목원학(睦源學)[79] 올림.

---

79) 목원학: 1900년부터 1906년까지 충청북도 관찰부 주사로 있었다.

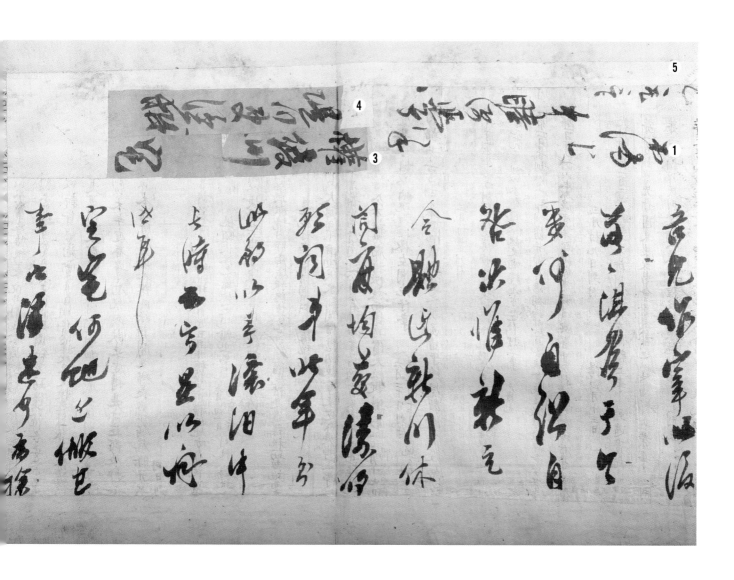

吾兄作宰以後

落落阻候于今

幾何自訟自

咎伏惟新元

令體迓新川休

閤度均慶溸仰

願聞弟昨年到

此郡以事滾汨中

長時不寧是以悶

泄耳

定宅何地近做甚

事而消遣耶爲探

❶ 不備上

❷ 己元三日 弟 睦源學 拜手

❸ 權綾州 宅 봉투

❹ 堤川吏謹椷 봉투

34. 이병화(李秉和)

(봉투) 權 綾州 正章 重冕 宅 入納(권 능주 중면 댁 앞)

(도장) 此境此時此意(차경차시차의: 이곳, 이때, 이뜻)

日擬修敬 以因卒卒未遂矣 卽從女息書 而槪審近節也 伏問雪沍 令體上棣護萬
旺 寶覃均謐 仰庸溸祝 弟慈癠一直無減度 日宵煎灼 難以枚擧 以今所料 畢竟
難望回春矣 客地凡百 未知將何以抖擻也 到底悶灼 如何仰道 第近擬新聞上槪
悉 則淸朝風雲 去益張大 恐未知究竟之爲如何妥當 然當場所聞 到底悶然已耳
所謂女息 以其未擧殘質 其能如何侍奉 而得免其懸恙云耶 相距涯角 凡百無非不
省人事也 悚汗曷極 惟望厚恕耳 餘漏萬姑閤不備上

　　辛亥 陽月 十七日 弟 秉和 拜上

날마다 편지를 쓰려 하지만 바빠서 뜻대로 하지 못하던 중, 지금 여식의 편지를 보고 요즘 안부를 대강
알았습니다. 눈 내리는 추위에도 체력이 왕성하시며 가내 두루 평안하신지요? 궁금하며 또 송축드립니다.

저는 어머니의 병환이 계속 차도가 없어 밤낮 애타는 마음을 일일이 열거하기 어렵습니다. 지금 헤아리는
바로는 결국 회생[回春]하시기 어려울 것 같은데, 객지에서 닥칠 갖가지 일을 장차 어떻게 헤쳐 나갈지 한없
는 걱정을 어찌 말할 수 있겠습니까?

근자에 신문에서 대략 알았습니다만, 청조(淸朝: 청나라)의 사태[風雲][80]가 갈수록 더욱 확대되어 가는데,
결국 어떻게 귀착이 될지 모르겠습니다. 그러나 당장 듣는 바로도 지극히 걱정스러울 뿐입니다.

소위(所謂)[81] 여식은 미련하고 약한 자질로 어떻게 시봉은 합니까? 그리고 특별한 병은 없다고 합니까?
먼 지방에 서로 떨어져 있어 여러 가지로 인사를 차리지 못하여, 황송하기 짝이 없습니다. 오직 후덕한 마음
으로 용서하시기 바랍니다.

나머지 많은 사연은 이만 줄이고 편지를 올립니다.

　　1911년 10월 17일 제(弟) 병화(秉和) 올림.

---

80) 청조의 사태: 신해혁명을 가리키는 것으로 보임.

81) 소위: 사람 앞에 붙이면 비칭(卑稱)이 된다. 자기 딸이기에 쓴 표현이다.

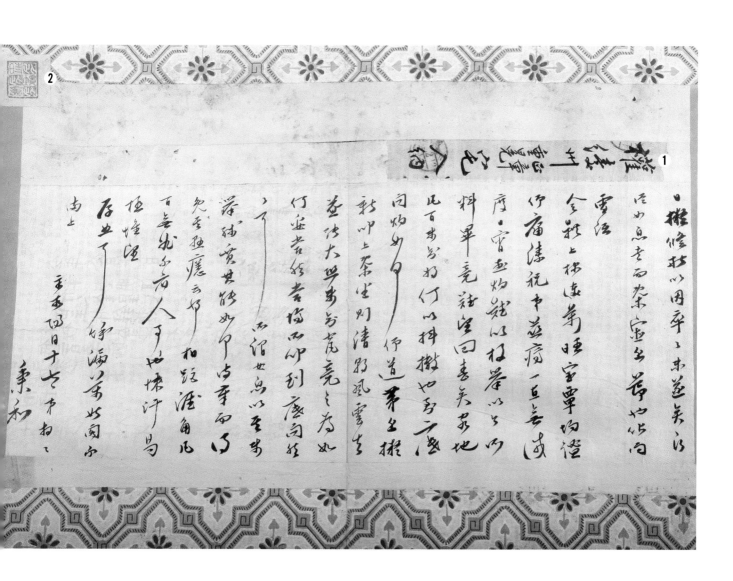

日擬修敬以因卒卒未遂矣卽
從女息書而槩審近節也伏問
雪冱
令體上棣護萬旺寶覃均謐
仰庸溱祝弟慈癠一直無減
度日宵煎灼難以枚擧以今所
料畢竟難望回春矣客地
凡百未知將何以抖擻也到底
悶灼如何仰道第近擬
新聞上槩悉則淸朝風雲去
益張大 恐未知究竟之爲如
何安當然當場所聞到底悶然
已耳所謂女息以其未
擧殘質其能如何侍奉而得
免其懸恙云耶 相距涯角凡
百無非不省人事也 悚汗曷
極惟望
厚恕耳餘漏萬姑閣不
備上
辛亥陽月十七日 弟 拜上
秉和

❶ 權 綾州 正章 重冕 宅 入納
—봉투

❷ 此境此時此意 —도장

35. 이병화(李秉和)①

爀改詹仰 尤倍它辰 月初惠覆 以因憂故 尚稽修謝 其所悵悚 曷任其極 伏問峭
寒 令體上迓禧萬旺 何等仰慰協頌 而閤患恐未知素崇添發否 似卽天和 然仰想
重惱切矣 獻慮萬萬 弟親癠尚在轉仄須人中 自昨冬以來 渾率通經輪感 迷豚現
在以浮症危頓 見悶何狀 而賤軀亦以素崇 日事刀圭 悶苦悶苦耳 所以片楮相問 亦
未得頻數 何悵何悚 餘漏萬胡草 姑留不備上謝

　　壬子 元月 卄日 弟 秉和 拜上

　해가 바뀌어 그리움이 다른 때의 배나 더합니다. 이 달 초에 답장을 보내셨는데, 우환 때문에 여태 답장을
미루어 그 서글픔과 죄송스러움을 도저히 감당할 수 없습니다.

　혹한에도 새해를 맞이하여 체력이 왕성하신지요? 송축하는 마음과 같다면 그만한 기쁨이 어디 있겠습니
까? 합부인의 환후는 혹 평소에 편찮으시던 것이 더 심해지신 것인지요? 즉시 원기를 회복하셨을 것 같지
만, 몹시 놀라셨을 것이라 생각하여 걱정스럽기 그지없습니다.

　저는 아버지의 병환이 아직 돌아누우시는데도 남의 도움을 받아야 하는 상태인 가운데, 겨울 이후로 전
가족이 모두 유행성 감기[輪感]를 앓았고 아들은 지금 부증(浮症: 몸이 붓는 병)으로 누워 있으니, 걱정스러
움을 어찌 말로 할 수 있겠습니까? 게다가 제 몸도 평소의 병으로 날마다 약을 먹고 있어 몹시 걱정스럽고
괴로울 뿐입니다. 그래서 편지 한 장 써서 문안하는 것도 자주 하지 못하니, 얼마나 서글프고 얼마나 죄송스
럽겠습니까?

　나머지 수많은 사연은 다음으로 미루고, 이만 대강 써서 답장을 올립니다.

　　1912년 정월 20일 제(弟) 병화(秉和) 올림.

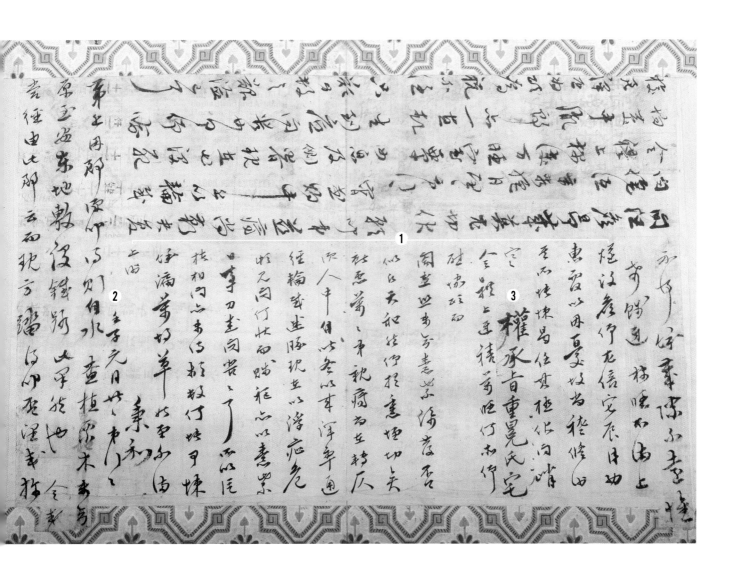

❸ 權 承旨 重冕氏宅 │봉투

❷ 壬子 元月 廿日 弟 秉和 拜上

上謝

　餘漏萬胡草姑留不備

楮相問亦未得頻數何悵何悚

日事刀圭悶悶苦苦所以片

頓見悶何狀而賤軀亦以素祟

經輪感迷豚現在以浮症危

須人中自昨冬以來渾率通

❶

獻慮萬萬　弟親癠尙在轉仄

似卽天和然仰想熏惱切矣

閤患恐未知素祟添發否

慰協頌而

令體上迓禧萬旺何等仰

寒

其所悵悚曷任其極伏問峭

惠覆以因憂故尙稽修謝

燧改詹仰尤倍它辰月初

36. 이병화(李秉和)②

間阻詹昂 歲莫尤切 伏問臘沍 令體上棣護万旺 寶覃均慶中 胤郎亦一直赴校善
課否 爲頌爲祝 不任顧聞 弟慈癠尙靳夬复 宵晝灼中 近以輪感 女息及側眷 現
在出沒死生 到底悶苦 如何仰喩 只歎身數之艱險巳耳 第近因郡便聞得 則自水原
至安東地敷設鐵路 當經由此郡云 而現方踏査植票木 未知此果然也 令或得聞否
望或探示耶 餘歲際不遠 惟希餞迓棣旺 不備上

　　辛亥 臘月 望日 弟 拜上

　그 사이 소식 뜸하여 그리움이 세모에 더욱 간절합니다. 섣달 추위에도 체력이 왕성하시며, 가내 두루 평
안하신 가운데 아드님[胤郎]도 한결같이 학교에 가서 공부 잘 하는지요? 송축드리며 궁금하여 견딜 수 없
습니다.

　저는 어머니의 병환이 아직 낫지 않아 밤낮 애태우는 가운데, 근자에는 유행성 감기[輪感]로 여식과 측실
의 식구가 지금 생사를 오락가락하고 있으니, 끝없는 고민을 어찌 말씀드릴 수 있겠습니까? 단지 운수가 험
난한 것을 탄식할 뿐입니다.

　다음 아니라[第], 근자에 군(郡) 인편으로 들으니, 수원부터 안동까지 철로를 부설하는데 이 군을 경유한
다고 하며, 지금 답사를 하며 표목(票木)을 세우고 있습니다. 실제로 그러한지 모르겠습니다. 혹 알아봐 주실
수 있는지요?

　설이 멀지 않은데 새해를 맞아 더욱 건강하시기 바라며, 이만 줄이고 편지를 올립니다.

　1911년 섣달 보름날 제(弟) 병화(秉和) 올림.

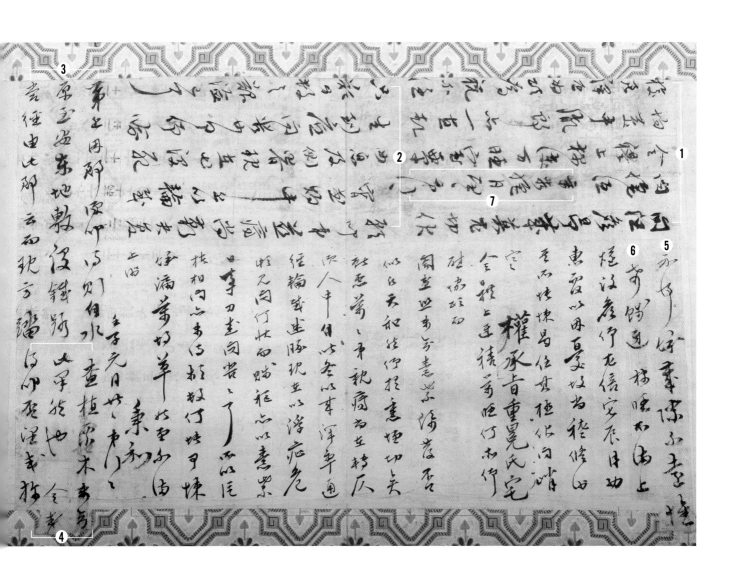

37. 이병화(李秉和)

(봉투) 權 承旨 重冕 閣下 至急 親展(권승지중면각하지급친전)

延豊郡 水回面 中山里(연풍군 수회면 중산리)

(우체국 소인)

車場拚別 歸猶茹悵 際伏拜先施惠械 伏庸慰洽 翅審比來 旱氣孔酷 令棣體連
護万旺 覃度均寗 仰喜叶頌 弟冒暑沾雨 便作原委 濕疾肆氣 現狀圉圉中 慈親自
月初以來 患泄變痢 度數頻數 方在待變 于今旬餘 而處在僻鄉 宜藥極難 情私
煎灼 如何仰道哉 只自仰屋巳耳 示宋庄事 事機如此 亦復奈何哉 萬事旣有前定
豈可强圖爲也 第將然將然過去計耳 令仲氏相公許 擾未得各候 此意幸爲我一誦
如何如何 餘心眩姑閣留續 不備上謝
　　　閏卄八 弟 李秉和 拜上

　　기차 정류장에서 악수하고 작별한 후 돌아와서도 여전히 섭섭하던 차에, 먼저 보내신 편지를 받으니 위로
가 됩니다. 게다가 요즘 가뭄이 혹심한데도, 형제분의 체력이 계속 왕성하시고 집안이 두루 평안하신 것을
아니, 앙축하던 마음과 맞아 기쁩니다.

　　저는 더위를 무릅쓰고 비를 맞은 것이 바로 원인[原委]이 되어 습질(濕疾)이 기세부려 지금 멍한 상태인
가운데, 어머니께서 이 달 초 이후로 설사가 이질(痢疾)로 되어 횟수가 잦아 변고를 대비한 지 열흘이나 되
었으나 궁벽한 시골이라 약을 구하기가 몹시 어려우니, 타는 마음을 어찌 말할 수 있겠습니까? 대책 없이
누워서 천정만 쳐다볼[仰屋]뿐입니다.

　　말씀하신[示] 송장(宋庄: 송씨의 농장) 문제는, 일의 기틀[事機]이 이와 같으니 다시 무슨 수가 있겠습니까?
만사가 이미 정해진 바가 있는데, 억지로 꾀한들 무슨 소용이 있겠습니까? 다만 "장차 그럴 것이다." "장차
그럴 것이다."고 한 과거의 계획일 뿐입니다.

　　중씨(仲氏) 상공(相公)께는 바빠서 따로 편지 쓰지 못하니, 이 뜻을 대신 전해 주시기 바랍니다.

　　마음이 어지러워 나머지 사연은 다음으로 미루고 이만 답장을 올립니다.

　　　1911년 윤6월 28일 제(弟) 이병화(李秉和) 올림.

車場拚別歸猶茹悵際伏拜
先施惠械伏庸慰洽匊審比
來旱氣孔酷
令棣體連護万旺覃度均審
仰喜叶頌弟冒暑沾雨便作原委
濕疾肆氣現狀圍圍中慈親自
月初以來患泄變痢度數頻數方
在待變于今旬餘而處在僻鄉宜
藥極難情私煎灼如何仰道
哉只自仰屋已耳
示宋庄事事機如此亦復奈何哉
萬事旣有前定豈可强圖爲也第
將然將然過去計耳
令仲氏相公許擾未得各候此意幸
爲我一誦如何如何餘心眩姑閣留
續不備上謝

閏廿八 弟 李秉和 拜上

38. 이병화(李秉和)

(봉투) 永同邑內 南亭里 四統二戶

權 綾州 重冕 閣下

至急(우체국 소인)

延豊郡 水回面 中山里 李秉和(봉함인)

間阻 曷勝悵誦 伏惟麥涼 令體事棣護万旺 寶覃均審 胤郎亦善課充健耶 仰漾遠
祝 不任願承 弟屢朔汨沒於舍役 近纔入處 而事育幸無懸故 爲慰已耳 第所謂女
息得免現恙否 年幼未擧 似多貽憂 殊庸愧悚 而意謂此際期欲暫圖委遭拜誨矣
適値室人之産朔 姑難抽身 然第竢分娩 雖來初望間 將遂執意計也 距里甚涯角
悶人悶人耳 餘留胎陳 不備上

辛亥 午月 初九 弟 李秉和 拜上

그 사이 소식 뜸하여 그리움을 감당할 수 없습니다. 5월[麥涼]에 체력이 왕성하시며 집안 두루 평안하시며 아드님도 공부 잘 하고 건강한지요? 궁금하여 멀리서 축원하며, 알고 싶어 견딜 수 없습니다.

저는 여러 달 집 짓는 일[舍役]에 골몰한 후 근자에 겨우 입주했으며, 어른 모시고 아이들 기르는 일에 다행히 별탈이 없어 위안이 될 뿐입니다.

다만, 소위 여식은 두드러진 병은 면했는지요? 나이가 어리고 미련하여 걱정을 많이 끼칠 것 같아, 몹시 부끄럽고 죄송스럽습니다.

마음 같아서는, 차제에 기어코 가서 만나 뵙고 가르침을 받고 싶습니다만, 이 달이 마침 집사람의 산월(産月)이라 몸을 빼기 어렵습니다. 그러나 분만하기를 기다려 다음 달 초와 보름 사이에 마음먹은 대로 할 생각입니다. 거리가 너무 멀어 걱정스럽습니다.

나머지 사연은 별지에 씁니다. 이만 줄이고 편지를 올립니다.

1911년 5월 9일 제(弟) 이병화(李秉和) 올림.

間阻曷勝悵誦伏惟麥凉

令體事棣護万旺寶覃均審胤

郎亦善課充健耶仰溸遠祝不任願

承弟屢朔泪沒於舍役近繞入處而

事育幸無懸故爲慰已耳第所謂

女息得免現恙否年幼未擧似多貽憂

殊庸愧悚而意謂此際期欲暫圖委遭

拜誨矣適値室人之産朔姑難抽身

然第娒分娩來初望間將遂執意

計也距里甚涯角悶人悶人耳餘留胎

陳不備上

　　　辛亥 午月 初九 弟 李秉和 拜上

❸ 봉함인

延豊郡 水回面 中山里 李秉和
　　　　　　　　　　봉투

❷ 權 綾州 重冕 閣下
　　　　　우체국 소인
　　　　　至急

❶ 永同邑內 南亭里 四統二戶
　　　　　　　　봉투

39. 김성한(金聲漢)

(봉투) 綾州 令政執 入納(능주군수 앞)

　　　　光參 謹函(전남 관찰도 참서관 부침)

昨者付候 想先此入覽矣 伏維比旱且熱 令政體萬旺 凡務無甚爲惱 區區仰頌 弟
視昨 而署務自昨移定 初手不才 雖幾日堪過沒策 只切熏菀熏菀 昨見京電 則新使
行期 姑未確定云 待的奇更報爲計 以此諒燭如何 餘爲此不備上

　　五月 廿五日 弟 金聲漢 拜上

어제 부친 편지는 이 편지보다 먼저 보셨을 것이라 생각합니다. 요즘 가물고 더운데, 행정 중에 체력이 왕성하시고 여러 가지 업무가 힘들지는 않으신지요? 마음으로 송축드립니다.

저는 여전하나, 관서의 업무[署務]가 어제부터 바뀌었습니다. 처음 하는 업무인 데다 재능이 없어, 며칠 견뎌 나가기는 하겠지만 방책이 없어 몹시 초조하고 답답할 뿐입니다.

어제 서울 전보[京電]를 보니, 새 관찰사[新使]의 출발 날짜가 아직 확정되지 않았다고 합니다. 정확한 소식을 기다려 다시 알려드릴 터이니, 그렇게 아시기 바랍니다.

나머지는 이만 줄이고 편지를 올립니다.

　　1907년[82] 5월 25일 제(弟) 김성한(金聲漢) 올림.

---

82) 《승정원일기》 1907년 4월 5일에 "정3품 김성한(金聲漢)을 전라남도 관찰도 참서관에 임용하고"라고 한 기사가 있는데, 봉투에 쓰인 '光參'
이 '전라남도 관찰도 참서관'의 약칭인 것을 알 수 있다. 따라서 이 편지가 1907년도에 쓴 것임도 확인할 수 있다.

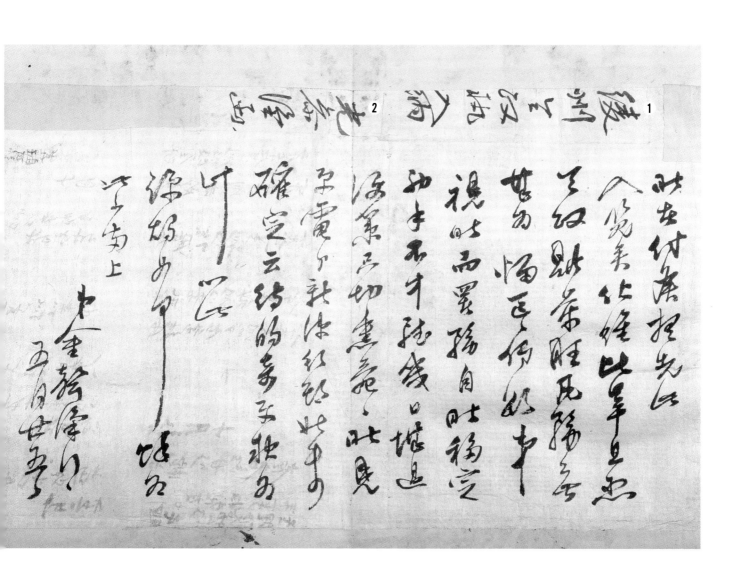

昨者付候想先此
入覽矣伏維比旱且熱
令政體萬旺凡務無
甚爲惱區區仰頌弟
視昨而署務自昨移定
初手不才雖幾日堪過
沒策只切熏菀熏菀昨見
京電則新使行期姑未
確定云待的奇更報爲
計以此
諒燭如何餘爲
此不備上

　　弟　金聲漢　拜上
　　　五月　廿五日

40. 김성한(金聲漢)

(봉투) 綾州 政閣 令執 入納(능주군수 앞)

　　　　光參 謹函(전남 관찰도 참서관 부침)

向便惠復 泛庸慰荷 伏問早熱比酷 令政體萬旺 公務無甚爲惱 區區仰頌 弟視昨
已耳 昨見京電 則新使今卄三日發行淸州鄕第 今晦來初間到任云 故玆仰告 使之
趁期枉此如何 預切企待耳 餘爲此不備上

　　五月 卄四日 弟 金聲漢 拜上

지난 번 인편으로 답장을 보내 주셔서 지금도 위로가 되고 감사합니다. 가뭄과 더위가 요즘 혹심한데, 행정 중에 체력이 왕성하시며 공무는 심히 힘들지 않은지요? 마음으로 송축드립니다.

저는 여전할 뿐입니다.

어제 서울 전보를 보니, 새 관찰사가 이 달 23일 출발하여 청주 고향 집에 갔다가 이 달 그믐이나 다음 달 초에 도임한다고 합니다. 그래서 이렇게 알려드리니, 기일에 맞추어 왕림하시기 바랍니다. 미리 간절히 기다릴 뿐입니다.

나머지는 이만 줄이고 편지를 올립니다.

　　1907년 5월 24일 제(弟) 김성한(金聲漢) 올림.

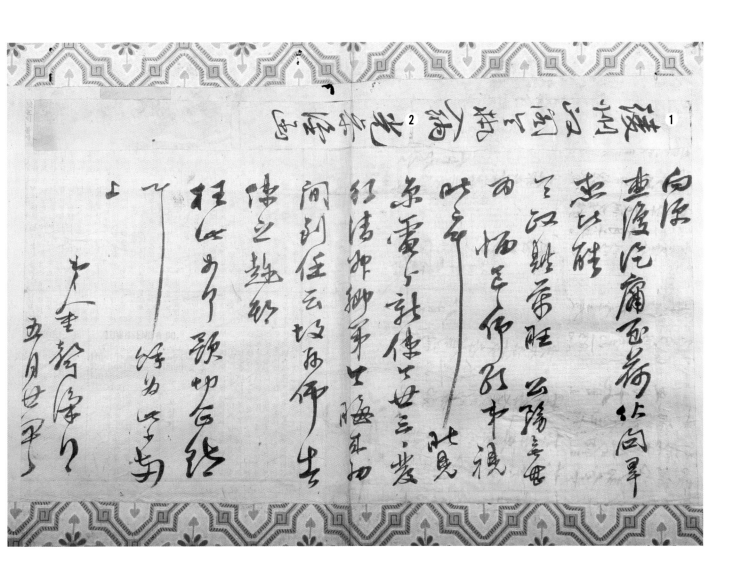

向便

惠復泛庸慰荷 伏問旱

熱比酷

令政體萬旺公務無甚

爲惱區區仰頌弟視

昨已耳昨見

京電則新使今廿三日發

行淸州鄕第今晦來初

間到任云故玆仰告

使之趁期

枉此如何預切企待

耳餘爲此不備

上

弟金聲漢拜上

五月廿四日

41. 이준규(李峻奎)

(봉투) 綾州 政閣 令執下(능주군수 앞) (봉투 위의 도장: 南平郡印)

　　　　南平吏 上謝函(남평군수 부침)

| 도장 權重冕印(권중면인), 翠仍牋記(취잉전기: 권중면의 편지), 作事須順天理出言要順人心(작

사수순천리출언요순인심: 일 할때는 모름지기 하늘의 도리를 따르고, 말 할때는 반드시 인심을 따르라) |

昨惠尚慰 伏拜審夜内 令政體萬旺 慰溁區區 弟今才發程 而敎朴鶴來 姑爲保放
諒之如何 餘擾不備謝上

　　　丁未 五月 十七日 弟 李峻奎 拜謝

　어제 보내신 편지는 아직도 위로가 됩니다. 지금 편지를 받아 밤새 평안하신 것을 아니, 궁금하던 마음에 위로가 됩니다. 저는 이제 겨우 출발했습니다. 말씀하신 박학래(朴鶴來)를 일단 보방(保放)[83]하니, 그리 아시기 바랍니다. 나머지는 바빠서 이만 줄이고 답장을 올립니다.

　1907년 5월 17일 제(弟) 이준규(李峻奎)[84] 올림.

---

83) 보방: 보석금을 받거나 보증인을 세우고 죄인을 풀어 줌.

84) 이준규: 의관으로 1899년 겸전의(兼典醫)에 임명되고 내부병원장과 광제원장을 거쳐 지방관으로 나갔는데, 이 편지는 남평군수 때 보낸 것이다.

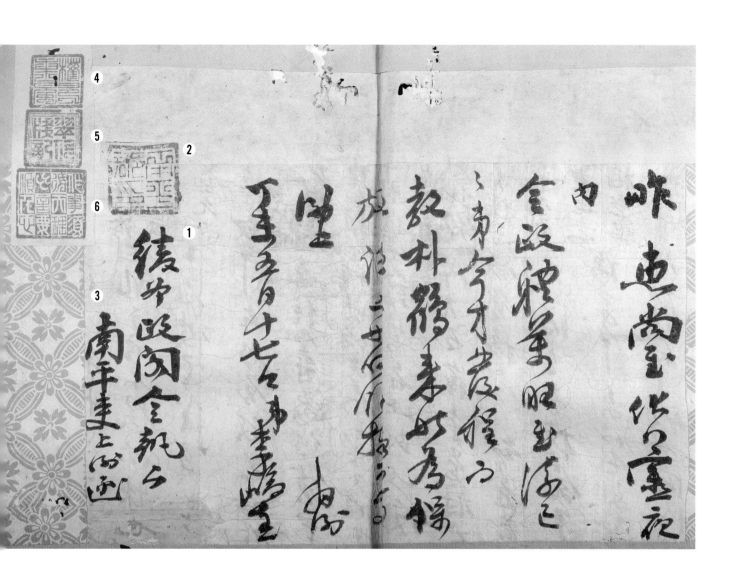

昨惠尙慰伏拜審夜

內

令政體萬旺慰溸區

區弟今才發程而

敎朴鶴來姑爲保

放諒下如何餘擾不備

謝上

丁未五月十七日 弟 李峻奎 拜謝

❶ 綾州 政閣 令執下 —봉투

❷ 南平郡印 —도장

❸ 南平吏 上謝函 —봉투

❹ 權重冕印 —도장

❺ 翠仍牋記 —도장

❻ 作事須順天理出言要順人心 —도장

구독부여(舊牘附餘) 전(全)

– 옛 편지 남은 것 모두

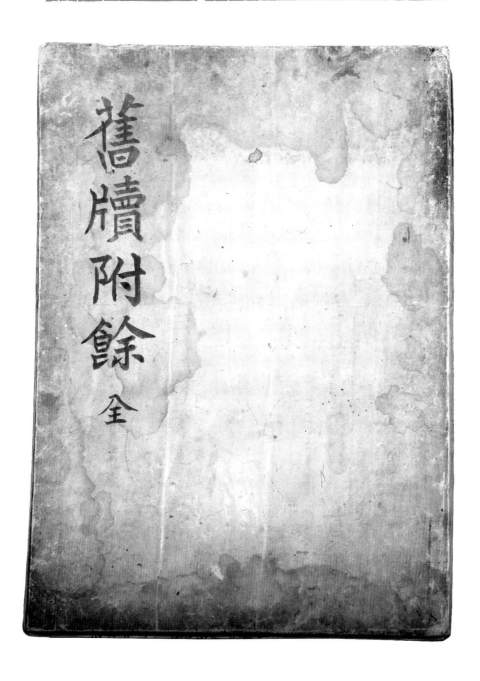

1. 윤용구(尹用求)

(봉투) 公州郡 反浦面 上莘里 權 碩士[1]泰勳氏 宅 入納(공주군 반포면 상신리 권석사태훈 씨댁)

高陽崇仁面藏位里尹用求奉謝圅(고양 숭인면 장위리 용용구 부침)

數番枉訪 可知另念之深厚 但相距涯角 未得源源相晤 悵多慰少 纍積之衷 如何

可敍 忽從郵信奉讀惠翰 其喜無異對榻娓娓 第審新年侍奉萬重 春府令監諸節

以時康寧 區區不任欣賀 義叔又送一歲 癃頑轉甚 徒惱餘景而已 所託拙書 何難

之有而 有此勤扣耶 當隨示奉副 須惠諒焉 餘留夾復 不備謝

　　庚午元月 十二日 義叔尹用求 敬復

今者惠翰中 賢座所稱貴以侍生 竊恐未然 若春府令監與我有往復 必當稱以義

弟 此則與阮丈大監有行之之例也 後如有往來文辭 須以尹判書叔丈稱之 賢座自

稱以義侄爲宜 吾兩家之誼 與凡常朋友異焉故耳

여러 차례 방문해 주니, 깊고 두텁게 생각해 주는 마음을 알겠네. 다만 서로 멀리 떨어져 자주 만날 수 없기에 서글픔은 많고 위로됨은 적어, 겹겹이 쌓인 회포를 어떻게 풀 수 있겠나?

뜻밖에 우편으로 보낸 편지를 받아 읽으니, 직접 대면하는 것 못지않게 기쁘기 그지없네. 새해에도 어머님 모시고 평안하며 춘부장 영감의 여러 안부도 철따라 평안하신 것을 아니, 기쁘고 축하하는 마음을 감당할 수 없네. 나[의숙(義叔)]는 또 한 해를 보내니 노쇠함이 더욱 심하여 남은 세월이 덧없이 괴로울 뿐이네. 내게 글씨를 부탁하는데 무슨 어려움이 있다고 이렇게 깍듯이 하는가? 말한 대로 써 줄 터이니, 잘 헤아리기 바라네. 나머지 사연은 별지에 쓰네. 이만 줄이고 답하네.

　　1930년 1월 12일 의숙(義叔) 윤용구(尹用求)[2] 삼가 답함.

지금 보내 온 편지에서 자네[현좌(賢座)[3]]가 스스로 '시생(侍生)'이라고 칭하는데, 그래서는 안 될 것 같네. 만약 자네 춘부장 영감과 내가 편지를 주고받는다면, 반드시 '의제(義弟: 의로 맺은 아우)'라고 칭해야 마땅하네. 이것은 자네 숙부[완장(阮丈)] 대감과 편지를 주고받을 때 행한 예가 있네. 후에 글을 주고받을 경우에는, 반드시 나를 '윤 판서 숙장(尹判書叔丈)'이라고 칭하고 자네는 스스로 '의질(義侄: 의조카)'이라고 칭하는 것이 마땅하네. 우리 두 집안의 정의(情誼)가 여타 평범한 붕우(朋友)들과 다르기 때문이네.[4]

---

1) 석사: 관직을 갖지 않은 유교의 선비에 대한 경칭어.

2) 본관 해평(海平). 자 주빈(周賓). 호 석촌(石村)·해관(海觀)·장위산인(獐位山人). 1871년(고종 8) 정시문과에 급제, 검열(檢閱)에 임명되었고, 예조·이조 판서를 지냈다. 법부·탁지부·내무 대신에 10여 차례 임명되나 모두 사절하고, 서울 근교 장위산(獐位山) 밑에 은거하였다. 글씨와 그림에 뛰어나 해서·행서·금석문(金石文)을 많이 썼으며, 죽란(竹蘭)도 잘 그렸다. 국권피탈 뒤 일본정부가 남작을 수여하려고 하였으나 거절하였다. 글씨에 《문간공한장석신도비(文簡公韓章錫神道碑)》(果川) 《선성군무생이공신도비(宣城君茂生李公神道碑)》, 그림에 《묵죽(墨竹)》 등이 있다.

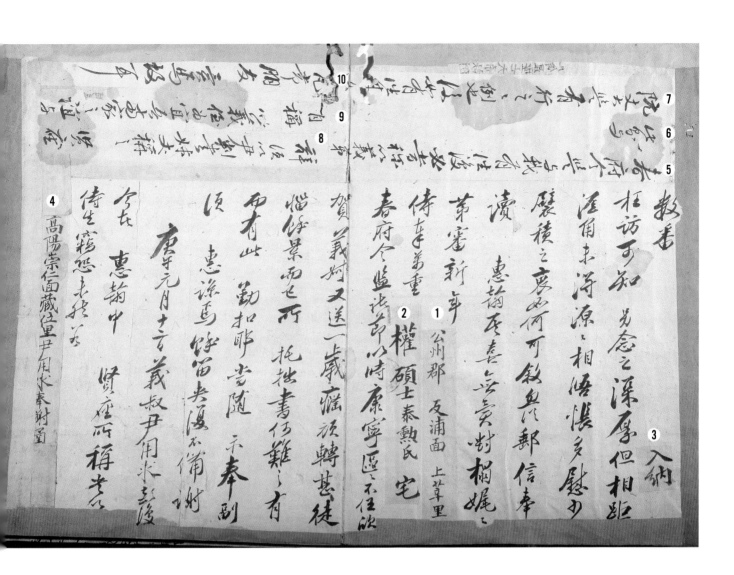

數番

枉訪可知另念之深厚但相距

洼角未得源源相晤悵多慰少

襞積之衷如何可敘忽從郵信奉

讀 惠翰其喜無異對榻娓娓

第審新年

侍奉萬重

春府令監諸節以時康寧區區不任欣

賀義叔又送一歲癃頑轉甚徒

惱餘景而已 所託拙書何難之有

而有此 勤扣耶當隨 示奉副

須 惠諒焉餘留夾復 不備謝

庚午元月十二日義叔尹用求敬復

今者 惠翰中 賢座所稱貴以

侍生竊恐未然若

❶ 公州郡 反浦面 上莘里

❷ 權碩士泰勳氏 宅 ——봉투

❸ 入納

❹ 高陽崇仁面藏位里尹用求奉謝函

❺ 春府令監與我有往復必當稱以義弟

❻ 此則與

❼ 阮丈大監有行之之例也後如有往來文

❽ 辭須以尹判書叔丈稱之 賢座

❾ 自稱 以義姪爲宜吾兩家之誼與

❿ 凡常朋友異焉故耳

───────

3) 현좌: 손아랫사람을 높여 이르는 말. 자네.

4) 이 편지는 윤용구가 권중면의 아들 권태훈에게 보낸 것이다. 자기와 권중면이 의형제 사이이기 때문에 자기를 '의숙'이라 부르고 권태훈 자신은 '의질'이라 불러야 마땅하다고 가르치고 있다.

2. 보낸 이 미상

伏維比凉　仕體萬旺　仰禱且頌　弟病劣而已　聞文化李敬執三叔姪　因金明錫搆誣
訴貴所　至於押上云　此事顚末　弟所徹底洞知者也　所謂金明錫全仲求諸漢卽　文邑
有名的禍魁亂首　前後魚肉生靈　蕩殘一邑之罪　可謂弛天亘壤　而至於李敬執四叔
姪　偏被酷禍　今至塡壑　無復餘地　金哥諸黨　挾富藉權　百計圖囑于該邑與京中
蚓結蜮射　無所不至　故弟在海府時　多方扶抑　至有捉囚金漢　具由報部矣　金漢竟
乃越獄逃走于(下缺)

요즘 날씨가 서늘한데 벼슬살이 중의 안부가 평안하시리라 생각하여 기도하고 축하드립니다. 저는 아파서 겨우 견디고 있을 뿐입니다.

들으니, 문화(文化)의 이경집(李敬執) 3숙질(叔姪: 아저씨의 조카)이 김명석(金明錫)이 그를 무고하는 소장을 귀 소(所)에 올린 것으로 인하여 상급 관청에 압송되기에 이르렀다고 합니다. 이 일의 전말은 제가 철저히 환하게 압니다. 소위[5] 김명석과 전중구(全仲求) 같은 놈들은 문화 읍에서 흉학하기로 유명한 괴수입니다. 전후로 죄 없는 백성들을 해치고 한 고을을 쑥대밭으로 만든 죄가 하늘에 이르고 땅 끝까지 가득하다고 할 수 있습니다. 이경집 4숙질의 경우에는 더욱 혹독한 화를 당하여, 지금 죽어서 골짜기에 버려지는 것밖에는 여지가 없게 되었습니다. 김가의 여러 무리가 부를 끼고 권력을 빙자하여 온갖 잔꾀로 그 고을과 서울에 부탁하여, 똘똘 뭉쳐서[인결(蚓結)[6]] 사람을 해치는 데[역사(蜮射)[7]] 못하는 짓이 없습니다. 그래서 제가 해주부(海州府)에 있을 때 여러 방법으로 부억(扶抑)[8]하여 김가 놈을 잡아 가두고 사유를 갖추어서 법부(法部)에 보고하기까지 했습니다. 김가 놈이 끝내 탈옥하여 도망가서(하결)[9]

---

5) 소위: 신분이 낮은 사람이나 멸시하는 사람의 이름 앞에 붙이는 말.

6) 인결: 지렁이가 뭉쳐 있듯이 간악한 자들이 서로 패거리를 이루는 일.

7) 역사: 물여우가 모래를 머금었다가 사람에게 쏘는 것. 간악한 자가 사람을 몰래 해치는 것을 비유하는 말.

8) 부억: 약한 것은 도와주고 강한 것은 누름.

9) 이 편지는 뒷부분이 떨어져 나가서 필자와 날짜를 알 수 없다. 그런데 '해주부'라고 한 말로써 그 연대를 대략 추측해 볼 수 있다. 해주가 '부(府)'였던 때는 1895~1913년이다.

伏維比涼
仕體萬旺仰禱且
頌弟病劣已耳
聞文化李敬執三叔姪
因金明錫搆誣訴
貴所至於押上云此事
顛末弟所徹底洞知者
也所謂金明錫全仲求諸
漢卽文邑有名的禍魁
亂首前後魚肉生靈
蕩殘一邑之罪可謂弛天
亘壤而至於李敬執四叔
姪偏被酷禍今至塡壑
無復餘地金哥諸黨挾
富藉權百計圖囑于
該邑與京中蚓結螘

① 射無所不至 故弟在海
② 府時多方扶抑至有
③ 捉囚金漢具由報部矣
④ 金漢竟乃越獄逃走于(下缺)

3. 김가진(金嘉鎭)

伏拜審雪寒令仕體萬旺 仰喜且頌 間者 仲氏閣下立嗣禮 成撫棗 慶溢 曷勝仰賀
萬萬 弟晨泄越添 感嗽更剧 連日達曙委痛 方顀頓叫蘗 悶憐悶憐 餘留另狀 不備
謝上
卽弟 金嘉鎭 拜上
敎意謹悉 當銘刻在中 而近日此囑還至 無非如泰山壓卵 果應接未暇矣 第竢機
合如何

편지를 받아 눈 내리는 추운 날씨에도 영감의 벼슬살이 중의 안부가 평안하신 것을 아니, 기쁘고 또 축하
드립니다. 그 사이 영감의 중씨(仲氏: 남의 둘째형을 존칭하는 말) 각께서 입사례(立嗣禮: 양자를 세우는 예)
를 행하고 혼례[무조(撫棗)[10]]도 치르셔서 경사가 넘치니, 어찌 이루 다 축하할 수 있겠습니까.
저는 새벽 설사가 갈수록 더하고 감기와 기침도 더욱 심해져 연일 새벽까지 앓다가 지금은 쓰러져 신음하
고 있어, 몹시 걱정스럽고 가련할 따름입니다. 나머지 사연은 별지에 씁니다. 이만 줄이고 답장을 올립니다.
편지를 받은 즉시 제(弟) 김가진(金嘉鎭)[11] 올림.

말씀하신 뜻은 삼가 알아 마음에 새기겠습니다. 다만, 요즘 이런 부탁이 두루 오는 것이 마치 태산이 계
란을 누르는 것과 같아, 응접할 겨를이 없을 듯합니다. 기회가 오기를 기다려 보는 것이 어떻겠습니까?

---

10) 무조: 혼례(婚禮)에서 시아버지가 새 며느리의 폐백(幣帛) 대추를 받는 것인데, 결혼식을 말한다.

11) 김가진: 1846~1922년. 본관은 안동, 호는 동농(東農). 문과를 거쳐 벼슬을 했으나, 일제강점기에는 독립운동을 했다. 글씨를 잘 썼다.

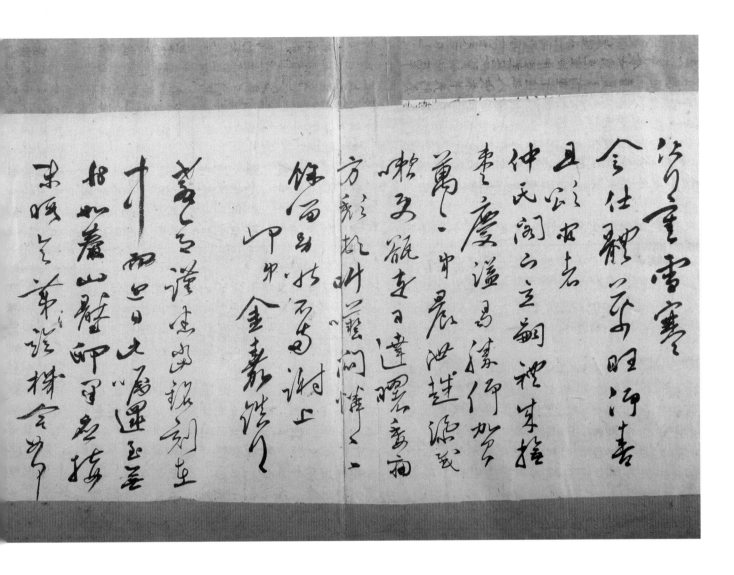

伏拜審雪寒
令仕體萬旺仰喜
且頌問者
仲氏閣下立嗣禮成撫
棗慶溢曷勝仰賀
萬萬弟晨泄越添感
嗽更訊連日達曙委痛
方頰頓叫囈悶憐悶憐
餘留另狀不備謝上
卽弟 金嘉鎭 拜上

敎意謹悉當銘刻在
中而近日此囑還至無
非如泰山壓卵果應接
未暇矣第竢機合如何

4. 정현철(鄭顯哲)

間阻悵仰　伏惟比來　令體萬旺　仰頌仰頌　弟省依爲幸　堪告錦注耳. 此去貴族轔
洙 居在江陵　而第當貴家譜普成之時　例爲收單上來　故今才上京而　未知譜所之在
何處　且有鳴寃者云　要我仰導　玆以起送　而此友居鄕　甚有謹愼自守　不讓於同居
諸家　而每有壓視之境矣　幸須接見　仗一一備訊　毋至落莫之地　如荷　餘不備上
　　　即弟　緦服人　鄭顯哲　拜啓

그동안 소식이 막혀 그립습니다. 요즈음 대감의 안부가 편안하시리라 생각하여 송축합니다. 저는 어른 모시고 여전하여 다행인데, 염려해 주시는 덕분[금주(錦注)[12]]입니다.

여기 가는 귀 종족 인수(轔洙)는 강릉에 사는데 이번에 귀 가문의 족보를 널리 만드는 때에 즈음하여 으레 명단을 거두어 올라왔습니다. 겨우 상경은 했으나 보소(譜所: 족보편찬소)가 어디 있는지 모르고 또 억울한 일을 호소할 것이 있다고 하여 나에게 안내해 달라고 요청하여 이렇게 보냅니다.

이 사람이 시골에 살며 아주 근신하고 스스로 지키는 바가 있는 점에서는 함께 사는 여러 사람에게 뒤지지 않는데 늘 깔보는 경우가 있다고 하니, 일일이 다 물어서 실망하지 않도록 해 주시기 바랍니다. 나머지는 이만 줄입니다.

　　　즉제(即弟) 시복인(緦服人)[13] 정현철(鄭顯哲)[14] 올림.

---

12) 금주: 상대방이 자신에게 기울여 주는 염려와 관심에 대한 경칭.

13) 시복인: 다섯 가지 상복(喪服) 중에서 가장 낮은 등급의 상복인 시마(緦麻)를 입고 상중에 있는 사람.

14) 정현철: 1859~1945년. 본관은 초계(草溪), 자는 도여(道汝), 호는 혜전(惠田), 횡성 출신으로 첨지중추부사 책화(策和)의 아들이다. 1885년(고종 22) 음직(蔭職)으로 기용되어 원산감리서서기관(元山監理署書記官)을 거쳐 1896년 경흥구지사(慶興口知事)에 임명된 후 대러시아 외교활동에 노력하였다. 1899년 성진감리 겸 성진부윤이 되었다가 안악군수를 역임했다. 3·1운동 후 사재를 털어 독립운동의 자금을 조달했다.

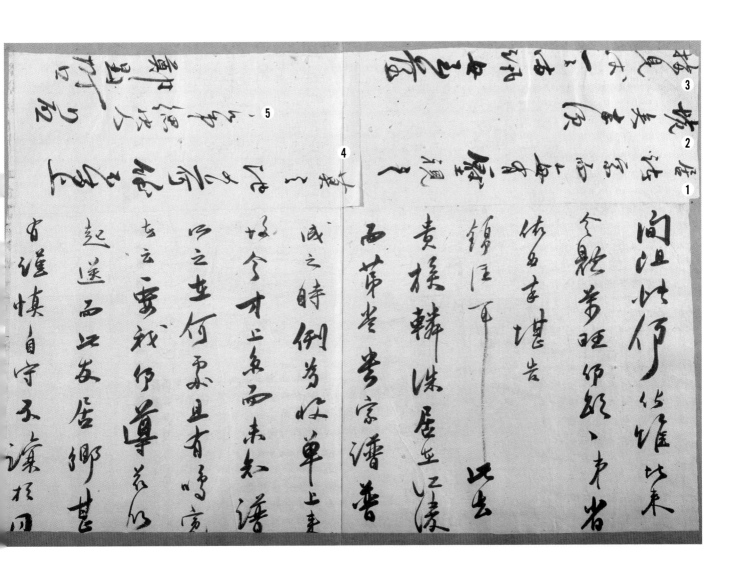

間阻悵仰伏惟比來

令體萬旺仰頌仰頌弟省

依爲幸堪告

錦注耳此去

貴族轔洙居在江陵

而第當貴家譜普

成之時例爲收單上來

故今才上京而未知譜

所之在何處且有鳴寃

者云要我仰導玆以

起送而此友居鄕甚

有謹愼自守不讓於同

❶ 居諸家而每有壓視之

❷ 境矣幸須

❸ 接見使一一備訊毋至落

❹ 莫之地如荷餘不備上

❺ 卽弟　緦服人　鄭顯哲　拜啓

5. 보낸 이 미상—별지(別紙)

今日之會 各人自携酒肴 我兩家不必各設 君則但以一壺酒送來 此間我已辦魚肉兩
色之膾 只此足矣 大抵此等事 優於人則痴也 劣於人則吝也 居中爲上故耳

　오늘 모임에는 각자가 술과 안주를 가지고 오므로 우리 누 집안은 각각 자릴 필요는 없고, 나만 술 한 병
만 보내오면 여기는 내가 이미 생선과 고기의 두 가지 회를 준비해 두었으니 이것으로 족합니다. 대개 이러
한 일은 남보다 많이 하면 어리석은 것이고 남보다 적게 하면 인색한 것이니, 중간으로 하는 것이 가장 좋기
때문입니다.[15]

---

15) 어느 편지에 딸린 별지이다.

今日之会各人自携酒肴我兩
家不必各設君則但以一壺酒送
來此間我已辦魚肉兩色之膾只
此足矣大抵此等事優於人則痴
也劣於人則吝也居中爲上故耳

6. 이근영(李根英)

拜別之懷 歸猶益切 伏問令體節連護萬寧 大小諸節匀安 伏溯區區遠祝 誼弟無擾
歸栖 省事依安是幸耳 就 鄙侄客地踪跡不無岨峿 諸般事十分愛護以爲親侄對之
若何 此不必疊告 而至情間恒多念慮 故如是煩告 下諒如何 餘續候 姑不備上候
辛亥 菊月 念二 誼弟 李根英 再拜

    절하고 작별한 아쉬움이 돌아온 후 오히려 더욱 간절합니다. 영감의 안부가 계속 건강하시고 대소가 여러 분들의 안부도 모두 평안하십니까? 삼가 간절히 그리워하며 멀리서 축원합니다. 의제(誼弟)는 탈 없이 잘 돌아와 부모님 모시고 여전히 평안한 것이 다행일 따름입니다.

    다름이 아니라, 제 조카가 객지에서 생활하는데 어려움이 없지 않으니, 여러 가지로 충분한 애정과 도움을 주어 친조카처럼 대해 주시는 것이 어떻겠습니까? 이 말을 거듭할 필요는 없지만, 지극히 아끼는 사이라 항상 염려가 많아 이렇게 번거롭게 말씀드리니, 양해하시기 바랍니다. 나머지 사연은 다음 편지로 미루고 이만 문안편지를 올립니다.

    1911년 9월 22일 의제(誼弟: 義弟) 이근영(李根英)[16] 올림.

---

16) 이근영: 같은 이름으로 1919년 10월 30일 상해에서 민족대표 30명이 대한민족대표독립선언서를 선포하는 데 참여하고, 1920년 무장독립대 구월산대로 활동하다가 같은 해 신천에서 경찰의 포위공격으로 전사한 인물이 있다.

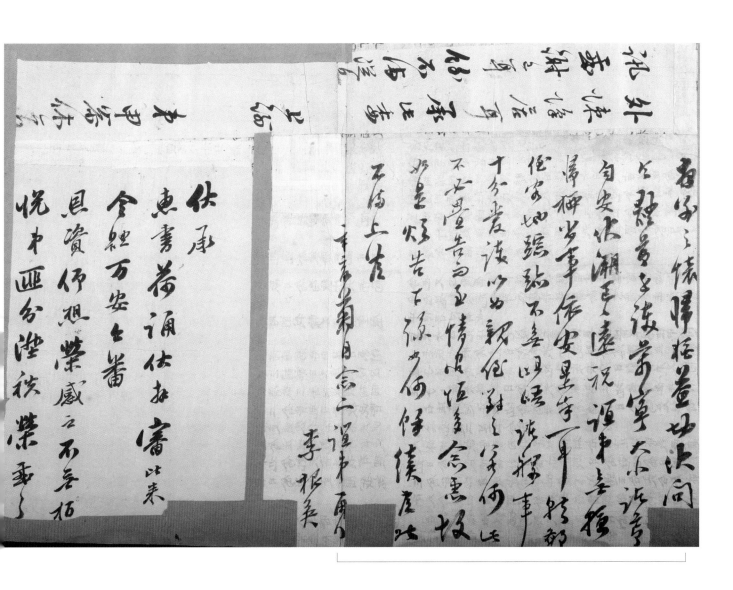

拜別之懷歸猶益切伏問
令體節連護萬寧大小諸節
勻安伏溯區區遠祝誼弟無擾
歸栖省事依安是幸耳就鄙
侄客地踪跡不無岨峿諸般事
十分愛護以爲親侄對之若何此
不必疊告而至情間恒多念慮故
如是煩告下諒如何餘續候姑
不備上候

辛亥菊月念二誼弟 李根英 再拜

7. 신태휴(申泰休)

伏承惠書 荷誦 伏拜審比來令體万安 今番恩資 仰想榮感 而不無栢悦 弟匪分陞
秩 榮感之外 悚懍居耳 承此委訊 感謝已耳 餘不備 從近 (中缺) 上謝
弟 申泰休 二拜

보내 주신 편지를 받으니, 그리운 마음에 위로가 되며 요사이 영감의 안부가 편안하시다는 것을 알았습니다.

이번에 임금의 은혜로 품계가 올라서 영광스럽고 감격스러웠을 것이라 생각되며, 저도 친구로서 기쁘지[백열(柏悅)**17**] 않을 수 없습니다.

저도 분수에 넘치게 품계가 올라가 영광스럽고 감격스럽기는 하지만, 황송스럽고 두렵습니다. 이렇게 보내 주신 편지를 받으니 감사할 뿐입니다.

나머지 사연은 이만 줄이고, 가까운 시일에 (한번 찾아가서 뵙겠습니다.) 답장을 올립니다.

　　제(弟) 신태휴(申泰休)**18** 올림.

---

17) 백열: 친구의 좋은 일을 함께 기뻐함. '소나무가 무성하면 잣나무가 기뻐한다.[송무백열(松茂柏悅)]'의 준말.

18) 신태휴: 구한말의 무신으로 갑신정변 때 청나라 군대를 도와 일본군을 축출하는 데 가담하였고, 평리원 재판장 재직 시에는 황제와 황태자를 폐위시키고 의친왕(義親王)을 왕으로 추대하려는 역모사건인 장호익사건(張浩翼事件)을 처리하였다.

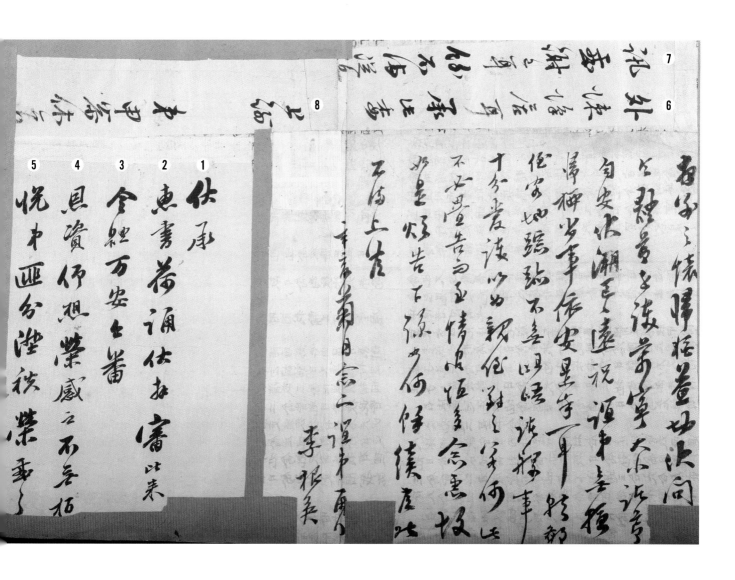

❶ 伏承

❷ 惠書荷誦伏拜審比來

❸ 令體万安今番

❹ 恩資仰想榮感而不無栢

❺ 悅弟匪分陞秩榮感之

❻ 外悚懷居耳承此委

❼ 訊感謝已耳餘不備從近（中缺）

❽ 上謝

　　弟　申泰休　二拜

8. 조진규(趙晉奎)

(봉투) 此呈 翠仍詞伯文机下(차정 취잉사백문궤하: 이 편지를 취잉글벗의 책상 앞에 드림)

趙晉奎 復啓(조진규 부침)

匪想琅械落手 依稀如拜夢中顔髮 喜難蒙量 還復黯然 盈幅大著 箇箇如珠玉從
九天飛下 清警殊絶 不可與俗輩聞知 如晉無似何以獲此 且與知者道者之言 不
限畦畛 投以襟抱 洞若靈犀之照 亮若霜鍾之應 晚境知遇 可勝感鎬 然狂字提托
是不平者 例有之祟也 古人亦種種病是 然慕古而行不實則僞也 被人世之嘲謔侮
弄 可有其涯 狂猶有發露處 不能善藏 故易爲人覺得 何可若貞墨韜采 無視無聽
無辨無思 兀然作一枯萎頑石 爲人間世之等棄物也 晉之實況 乃木石人也 非病
狂人也 令公以謂此言如何 詩不續思 不可和呈 追當更告 諒涵若何 寒溫閣謝

九月十二日 趙晉奎再拜

뜻밖에 주옥같은 편지를 받으니 마치 꿈속에서 얼굴을 뵙는 듯 황홀하여, 기쁨을 이루 헤아릴 수 없어 도리어 서글픕니다.

종이에 가득한 훌륭한 작품은 하나하나가 구천에서 날아 내려온 주옥처럼 청아하고 뛰어나, 세속의 무리들과 더불어 들어 알 수 있는 것이 아닙니다. 저같이 못난 사람이 어떻게 이러한 것을 얻었는지요? 또 지혜로운 자와 도를 아는 자의 말과 더불어 경계를 짓지 않고 마음속 생각[금포(襟袍)]을 털어놓아, 영서(靈犀)[19]처럼 서로 막힘없이 통하고 상종(霜鐘)[20]처럼 서로 밝게 응합니다. 늘그막의 지우(知遇)[21]에 마음속 깊이 스며드는 감동을 감당할 길 없습니다.

그러나 '광(狂)' 자를 들어서 가탁(假託)하신 것은 불평하는 자에게 으레 있는 빌미입니다. 옛사람 또한 종종 이것을 걱정했습니다. 옛사람을 사모하면서 실행하지 않는 것은 거짓이니, 세상 사람의 조롱과 놀림과 멸시를 당하는 것이 어찌 끝이 있겠습니까? 그래도 광이 드러나는 곳이 있어 잘 감추지 못하기 때문에 사람들에게 쉬이 발각됩니다. 어떻게 하면 정숙한 먹이 채색을 감추는 것처럼 보는 것도 듣는 것도 판단하는 것

---

19) 영서: 영묘(靈妙)한 무소뿔을 말한다. 무소뿔이 한가운데가 뚫려 있어 양방이 서로 관통하는 것에서, 두 사람의 의사(意思)가 서로 완전히 통하는 것을 비유한다.

20) 상종: 풍산(豊山)에 있는 아홉 개의 종으로, 서리가 내리면 금(金) 기운이 응하여 운다고 함.

21) 지우: 상대방이 자신의 인격이나 재능을 알고 잘 대우해 주는 것.

도 생각하는 것도 없이, 홀로 오뚝 하나의 마른 잡초나 무딘 돌이 되어 인간 세상에서 버려진 물건이 될 수 있겠습니까? 저는 실제로 목석같은 사람[목석인(木石人)]입니다. 병든 광인(狂人)이 아닙니다. 영공께서는 이 말을 어떻게 생각하십니까?

시(詩)는 생각이 이어지지 않아 화답하여 올리지 못합니다. 추후에 다시 말씀드릴 터이니, 양해하여 용서하시기 바랍니다. 문안하며 답장을 올립니다.

9월 12일 조진규(趙晉奎)**22** 올림.

---

22) 조진규: 1893년 의금부도사를 거쳐, 1900년부터 1906년 사이에 화순, 인제, 무안, 재령 등지의 군수를 지냈다.

❶ 之等棄物也晉之實況乃

❷ 木石人也非病狂人也

❸ 令公以謂此言如何詩不

❹ 續思不可和呈追當更

❺ 告 諒涵若何寒溫閣

❻ 謝 九月十二日 趙晉奎再拜

❼ 此呈 ━봉투

❽ 趙晉奎 復啓 ━봉투

❾ 翠仍詞伯文机下 ━봉투

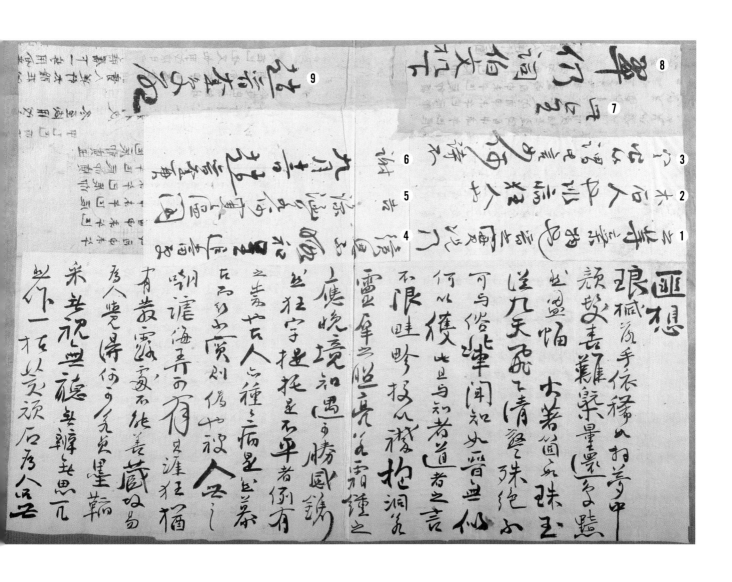

匪想
琅槭落手依稀如拜夢中
顏髮喜難繫暈還復黯
然盈幅　大著箇箇如珠玉
從九天飛下清警殊絶不
可與俗輩聞知如瘖無似
何以獲此且與知者道者之言
不限睚眦投以襟抱洞若
靈犀之照亮若霜鍾之
應晚境知遇可勝感鐫
然狂字提托是不平者例有
之崇也古人亦種種病是然慕
古而行不實則僞也被人世之
嘲謔侮弄可有其涯狂猶
有發露處不能善藏故易
爲人覺得何可若貞墨韜
朵無視無聽無辨無思兀
然作一枯荄頑石爲人間世

9. 민경호(閔慶鎬)

伏問秋爽 政體上曼安 簿務無撓否 昂頌且禱 生課進忙碌而 鄕耗罕接 紆悶難狀
留另 不備上
　　生閔慶鎬 拜啓 乙巳 九月 初吉
治下鳥島面柳吐居朴泰澍字昌賢 係是主台家庄收幹事人而 聞以敎民所關事 寃徵
錢至爲七八千兩之多 而已爲呈訴 題判自在云 玆專懇 待其更訴 期於還推准給
無至寃失之地 切盼切盼 且主台家庄租所收 各人多有愆滯云 退㤪人心 誠極不
淑 幷須發令捉致 這這督捧以給 俾爲淸勘 至昂至昂 主台丈素無雅分於令執 要
生代懇故 玆承勾敎代佈 涵諒善處 另生言采 若何若何

　　서늘한 가을에 안부가 평안하시며 행정업무[부무(簿務)]는 힘들지 않은지요? 우러러 송축하며 기원합니다. 저는 일과(日課)에 나아가느라 바쁘며 고향 소식을 접할 기회가 드물어 걱정이 이루 말할 수 없습니다. 나머지는 별지에 쓰고 이만 줄입니다.

　　1905년 9월 1일 생(生) 민경호(閔慶鎬)[23] 올림.

　　다스리시는 관내의 조도면(鳥島面) 유토리(柳吐里)에 거주하고 있는 박태주(朴泰澍, 字는 昌賢)[24]는 주태가장(主台家庄)[25]에서 일을 맡아 처리하는 사람입니다. 들으니, 그가 귀 군의 백성과 관계된 일로 원징전(寃徵錢: 억울하게 징수당한 돈)이 7천~8천 냥에 이를 정도로 많아서 이미 소장을 올려 제판(題判)[26]이 나 있다고 합니다. 이에 전적으로 간청하니, 그가 다시 소장을 올리기를 기다려 그대로 도로 찾아 지급함으로써, 억울하게 돈을 잃지 않도록 해 주시기를 간절히 바랍니다. 또 주태가장(主台家庄)에서 걷는 조(租)를 어기거나 연체하는 사람이 많다고 합니다. 먼 벽지 사람들의 인심(人心)이 지극히 좋지 않습니다. 아울러 모름지기 명령을 내려 잡아다 낱낱이 독촉하여 거두어들여 주심으로써 깨끗하게 정리되도록 해 주시기를 간절히 바랍니다. 주태(主台) 장(丈)이 평소에 영집사(令執事)와 교분이 없어 제게 대신 부탁하기를 바라므로 주태의 지시로 대신 말씀드리니, 너그러이 헤아려 선처하심으로써 특별히 제 체면을 살려 주시기 바랍니다.

---

23) 민경호: 1901년 법부주사, 1902년 한성부재판소주사를 거쳐 1905년까지 내부주사를 지냈다.

24) 박태주: 1861~1930년. 본관 밀양(密陽). 진도군 조도면 창유리에 앵천학교[鸎遷學校, 현 조도(鳥島)초등학교의 전신(前身)]를 세우고, 한문을 사용하던 때에 국문 교과서를 편찬하여 학생을 지도하였다.

25) 주태가장: 주태가(主台家)의 농장. 주태(主台)라고 한 것은 농장주인 대감과 이 편지의 필자 민경호가 주인과 손님 또는 주인과 피고용인의 관계임을 말한다.

26) 제판: 백성이 올린 소장에 관에서 써 주는 판결문.

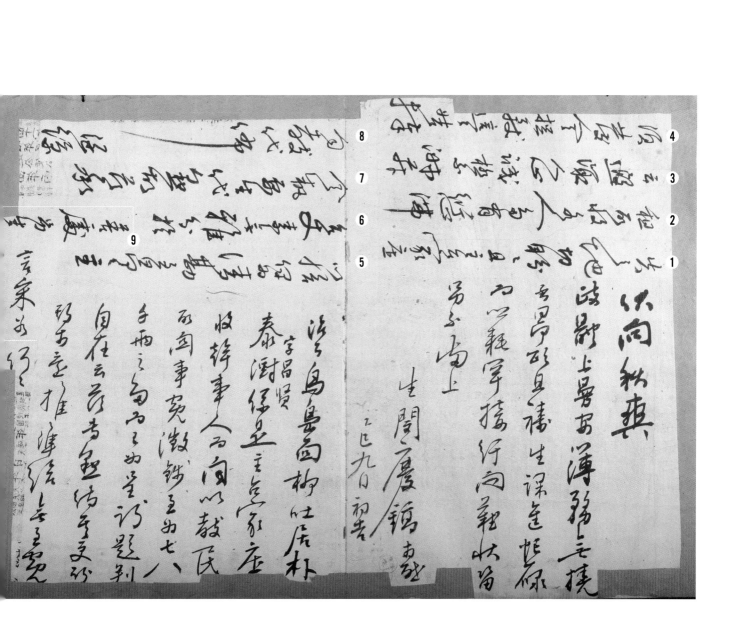

伏問秋爽

政體上曼安簿務無撓

否昂頌且禱生課進忙碌

而鄉耗罕接紓悶難狀留

另不備上

　　生閔慶鎬　拜啓

　乙巳　九月　初吉

治下烏島面柳吐居朴

泰澍字昌賢係是主台家庄

收幹事人而聞以敎民

所關事寃徵錢至爲七八

千兩之多而已爲呈訴題判

自在云玆專懇待其更訴

期於還推准給無至寃

❶ 失之地切盼切盼且主台家庄

❷ 租所收各人多有愆滯

❸ 云遲陜人心誠極不淑幷

❹ 須發令捉致這這督捧

❺ 以給俾爲淸勘至昂至昂主

❻ 台丈素無雅分於

❼ 令執要生代懇故玆承

❽ 勾敎代佈涵諒

❾ 善處另生言釆若何若何

10. 윤상조(尹相朝)

黃花始開　卽拜惠函　感慰交切　伏審比辰令體萬旺　實愜頌祝之忱　下生役役塵間
無可奉聞　而惟以身健爲自幸耳　就示意謹悉　世所謂南芝庄也　當另力圖之　曠世芳
隣　安得容易　只伏禱有數於其間耳　餘在金兄口達　不備謝上
　　辛亥　九月　初六日　下生　尹相朝　謹拜謝上

국화가 피기 시작하는 때에 보내 주신 편지를 받으니, 감사와 위로가 모두 간절합니다. 이때 영감의 안부가 평안하신 것을 아니, 송축(頌祝)하던 마음이 실로 기쁩니다. 저는 세속의 일로 바쁠 뿐 말씀드릴 만한 일은 없으며, 오직 몸이 건강한 것을 스스로 다행으로 여길 따름입니다. 말씀하신 뜻은 삼가 잘 알았습니다. 세상에 이른바 '남지장(南芝庄)'이니, 특별히 노력하여 도모해야 마땅합니다. 세상에 드문 좋은 이웃을 얻기가 어찌 쉽겠습니까만, 그 사이에 운수가 있기를 기도할 뿐입니다. 나머지 사연은 김형(金兄)이 직접 전할 것입니다. 이만 줄이고 답장을 올립니다.

1911년 9월 6일 하생(下生) 윤상조(尹相朝) 삼가 절하고 답장을 올림.

黃花始開卽拜

惠函感慰交切伏審比

辰

令體萬旺實愜頌祝之

忱下生役役塵間無可奉聞

而惟以身健爲自幸耳

就示意謹悉世所謂南芝

庄也當另力圖之曠世芳

隣安得容易只伏禱有

數於其間耳餘在金兄

口達不備謝上

　　辛亥　九月　初六日　下生

　　　尹相朝　謹拜謝上

11. 보낸 이 미상(10번 편지 윗글)

日昨有告以期會 倘俯記否 春風多厲 觸冒則仰悶 而方切得御之望 乞賜光臨 有
以餞飲太早 似有催駕之意 不欲成會者甚矣 珍人之惜兄去也 故弟爲之改餞飲會
曰詩會 仰呵仰呵
　　萬累弟二拜

　　일전에 모임 약속을 말씀드린 적이 있는데, 혹 기억하시는지요? 봄바람이 퍽 사나워 쐬시는 것이 걱정스
럽습니다만, 모시고 싶은 마음이 간절하니 왕림해 주시기를 빕니다. 그런데 전음회(餞飲會: 전별하는 술자리)
가 너무 일러 가시는 것을 재촉하는 의미가 있는 것 같아, 모임을 하고 싶지 않은 마음도 강합니다. 그러나
진실로 형이 가시는 것이 섭섭하므로 제가 전음회를 시회(詩會)로 바꾸었습니다. 껄껄!
　　만누제(萬累弟)[27] 올림.

---

27) 만누제: 萬은 필자의 이름 중 한 자, 累는 유배 중에 있다는 뜻, 弟는 친구에 대하여 자신을 칭하는 말이다.

❶ 日昨有告以期會僧

❷ 俯記否春風多厲　觸冒則仰悶

❸ 而方切得御之望乞

❹ 賜光臨有以餞飲太早似有催駕之意

❺ 不欲成會者甚矣珍人之惜　兄去也故

❻ 弟爲之改餞飲會日詩會仰呵仰呵

❼ 萬累弟二拜

12. 남정규(南廷奎)

雨而未洽 亦得稍慰可幸 伏拜審令體節萬安 仰慰仰慰 生劣狀依昔耳 第債款適因
彼人提促 擬欲仰告 期得淸賬矣 承此敎意鄭重 未知如何仰復 不勝悚汗 若有延
期之道 則自當另旋仰副 而促言必至 莫過捱過矣 伏庸替悶 諒燭 期於從速淸賬
何日之爲淸賬 亦詳示伏企耳 留不備謝上

    生 南廷奎 拜上

비가 내린 것이 충분치는 않지만 약간 위안이 되니 다행스럽습니다. 편지를 받아 영감의 안부가 평안하신 것을 아니, 우러러 위로가 됩니다. 저는 졸렬한 모습이 여전할 뿐입니다.

다름 아니라, 채무 문제[채관(債款)]는 마침 저쪽에서 재촉하기에 말씀드리고 반드시 깨끗이 청산할 생각이었습니다. 그런데 이렇게 정중하게 말씀하시니, 어떻게 대답해야 할지 몰라 송구스러워 땀이 납니다. 연기할 수 있는 방법이 있으면 당연히 각별히 주선하여 부응하겠지만, 반드시 재촉하는 말이 있을 것이므로 견디며 지낼 수 없습니다. 제가 도리어 걱정스럽습니다. 헤아려 아시고 반드시 채무를 청산하는데, 언제까지 청산하실 것인지를 자세히 알려 주시기 바랍니다. 나머지 사연은 미루고 이만 답장을 올립니다.

    생(生) 남정규(南廷奎)**28** 올림.

---

28) 남정규: 1899년 궁내부번역관보로 시작하여 1907년까지 궁내부참서관, 시종원부경, 영선사장 등을 역임했다.

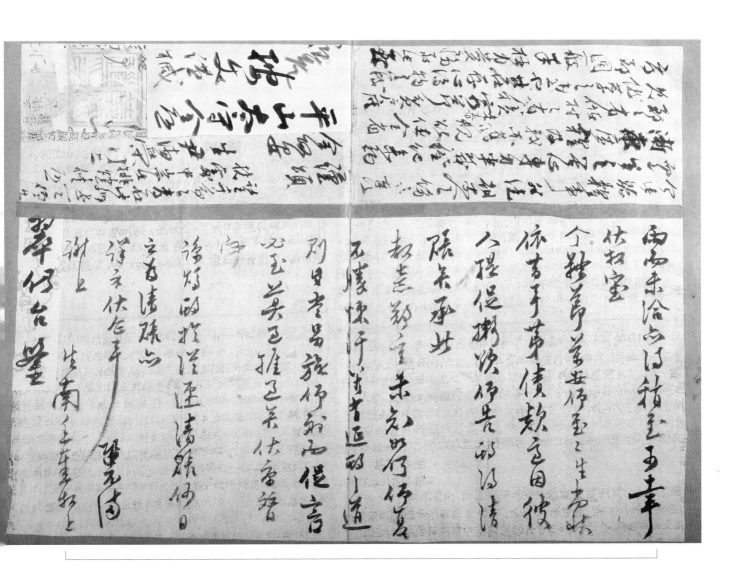

雨而未洽亦得稍慰可幸

伏拜審

令體節萬安仰慰仰慰生劣狀

依昔耳第債款適因彼

人程促擬欲仰告期得淸

賬矣承此

敎意鄭重未知如何仰夏

不勝悚汗若有延期之道

則自當另旋仰副而促言

必至莫過捱過矣伏庸替

悶

諒燭期於從速淸賬何日

之爲淸賬亦

詳示伏企耳留不備

謝上　　生　南廷奎　拜上

13. 윤덕영(尹德榮)

(봉투) 翠仍台鑒(취잉태감)

　　平山太守令啓(평산군수 앞) 按使謹械(황해도 관찰사 부침) 　(도장) 黃海道印

今此賑糶事 非徒朝家令飭之奉行而已 生之苦心專力 半載經紀 參酌浙東廣糶及
我東舊規 欲使全省郡郡有儲 村村有積 來春窮節 貧戶庶免餓莩之患也 其在存心
濟物之義 府郡固一般 幸極力賛務 副此至望 千萬千萬 都在此 聊長一一仰告
撓劇中崈此 挑燈修啓 謹頌全政安

　　生 尹德榮拜上

　　이번 이 진조(賑糶)**29** 일은 조가(朝家: 국가)의 명령을 봉행할 뿐만이 아닙니다. 제가 애써 전력을 기울여
절동(浙東: 중국 절강성)의 광적(廣糶)**30**과 우리나라의 옛 제도를 참작하여 반년 동안 경영하고 관리한 것은,
전 도(道)의 군과 마을마다 저장된 곡식이 있어 내년 춘궁기에 가난한 백성이 굶어 죽는 것을 면하기를 바
란 것입니다. 그 마음가짐과 사람을 구제하는 의리는 부(府)와 군이 본래 한 가지이니, 힘닿는 데까지 업무
를 도와 저의 지극한 소망에 부응해 주시기를 간절히 바랍니다. 이상 부족하나마 일일이 말씀드렸습니다. 바
쁜 가운데 등잔불을 돋우며 편지를 써 올리며 전 고을이 평안하기를 삼가 송축합니다.

　　생(生) 윤덕영(尹德榮)**31** 올림.

---

29) 진조: 곡식을 내어 굶주림을 구제하는 일.

30) 광적: 곡식을 널리 걷어 창고에 저장하는 일.

31) 윤덕영: 1873~1940년. 친일파. 본관은 해평(海平), 영돈녕부사 철구(徹求)의 아들이며, 택영(澤榮)의 형으로 순종 비(妃) 순정효황후(純
貞孝皇后)의 삼촌이다. 이 편지는 1901년 그가 황해도 관찰사 때 쓴 것이다.

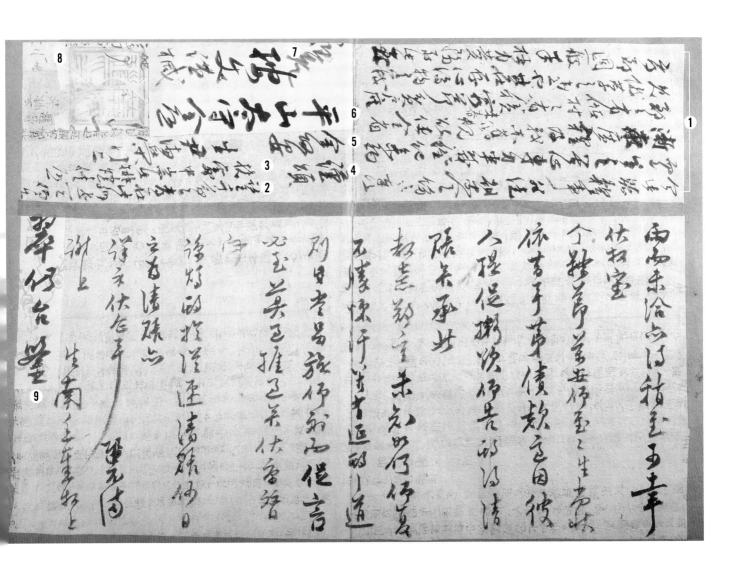

今此賑糶事非徒朝家令飭之奉行
而已生之苦心專力半載經紀參酌
浙東廣糶及我東舊規欲使全省
郡郡有儲村村有積來春窮節貧戶庶
免餓莩之患也其在存心濟物之義
府郡固一般幸極力慶務副此至
望千萬千萬都在此聊長一一仰告

① 謹頌

④ 撓劇中尚此挑燈修啓

③ 全政安　生尹德榮拜上

⑤ 平山太守令啓 ―봉투

⑥ 按使謹械 ―봉투

⑦ 黃海道印 ―도장

⑧ 翠仍台鑒 ―봉투

⑨ 翠仍台鑒 ―봉투

14. ○학규(○鶴圭)

伏惟夜謝 令體萬旺 令正患節已臻勿藥否 是祝是祝 弟讀感應篇已過 自覺過去中
過失甚多 從此用了凡先生舊法做功補過計 而如非令兄指示 迷塗何以得此 感謝
感謝 原 不敢久留 玆繳呈耳 餘留不備上

      即弟 鶴圭 拜首

夜長無眠 捱過甚難　　惠一書 爲晰預言 可得見否

밤새 영감의 안부가 평안하시고 영정(令正)의 병환도 이미 다 나았을 것이라 생각하며, 축원합니다.

저는《감응편(感應篇)》[32]을 읽고 나서 과거의 과실이 너무 많았다는 것을 스스로 깨달았습니다. 이제부터는 무릇 선생의 구법(舊法)을 써서 공부하여 과실을 고칠 계획입니다. 영형(令兄)의 가르침이 아니었으면, 길을 잃은 제가 어찌 이렇게 될 수 있었겠습니까? 감사드리고 감사드립니다. 감히 오래 가지고 있을 수가 없어 이렇게 돌려 드립니다. 나머지 사연은 이만 줄이며 답장을 올립니다.

    즉시 제(弟) 학규(鶴圭) 올림.

밤은 길고 잠이 오지 않아 견디기가 몹시 어렵습니다. 책 한 권을 보내 주십시오. 예언서(預言書)를 보려고 하는데, 볼 수 있겠습니까?

---

32)《감응편(感應篇)》:《태상감응편(太上感應篇)》의 준말. 남송(南宋)의 이창령(李昌齡)이 정리한 도교의 권선서(勸善書).

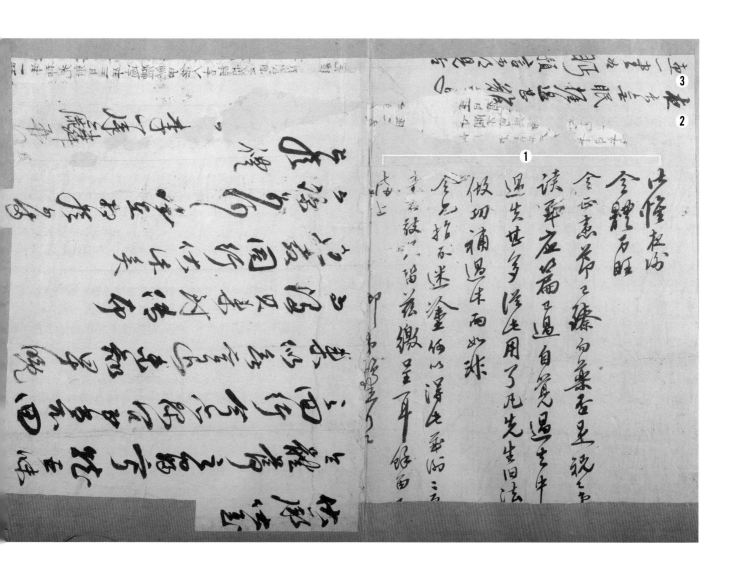

伏惟夜謝
令體萬旺
令正患節已臻而藥否是祝弟
讀感應篇已過自覺過去中
過失甚多從此用了凡先生舊法
做功補過計而如非
令兄指示迷塗何以得此感謝感謝原
○不敢久留玆徽呈耳餘留不
備上

　　　　　郎弟　鶴圭　拜首

夜長無眠捱過甚難○○

惠一書爲眪預言可得見否

15. 이승린(李承麟)

伏承 伏慰令體節之寢寧 就五味之回行 今亦探問則 尚不回來 似無晋退 未知早
晚 而隨其來到 傳布惠敎 同行伏計矣 下諒如何 餘在拜候 不備上候禮

　　卽 李承麟 再拜

편지를 받아 영감의 안부가 평안하신 것을 아니, 위로가 됩니다.

다름 아니라, 오미(五味)의 회행(回行: 돌아다님)을 지금 탐문하니, 아직 돌아오지 않았습니다. 나아가거나 물러난 것은 없는 것 같은데, 이를지 늦을지 모르겠습니다. 그가 오는 대로 말씀하신 것을 전하고 동행할 계획입니다. 굽어 헤아리시기 바랍니다. 나머지 사연은 뵐 때로 미루고 이만 줄이고 편지를 올립니다.

즉시 이승린(李承麟)[33] 올림.

---

33) 이승린: 봉화현감, 선전관 등을 거쳐 육군부위가 되고, 1905년 진도에 유배되었다가 1907년 육군연성학교에 보임되었다. 이 편지는 그가
　　진도에 유배되었을 때 군수 권중면에게 보낸 편지인 것으로 보인다.

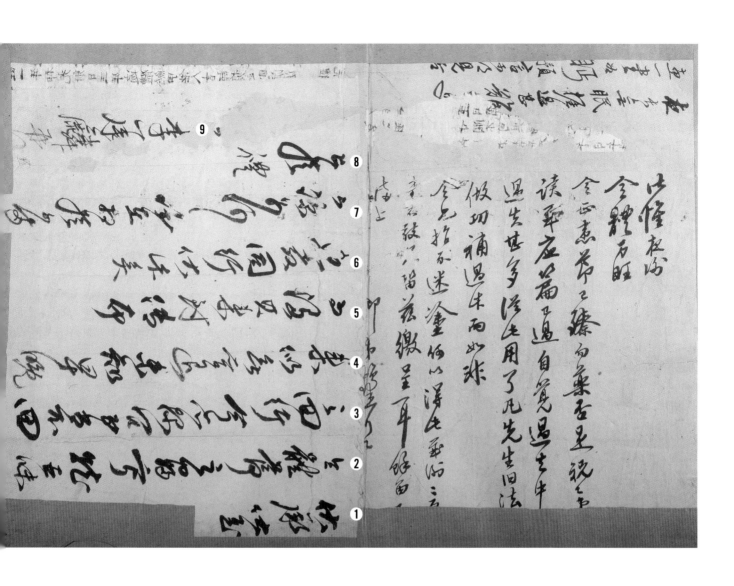

16. 박제선(朴齊璿)

日前令季氏兄袖傳大囷　弟付夏械　有涉未安　稽此未謝　尚用茹悵　又伏拜荐訊　感
餘旋悚　際審兄令體萬旺　仰慰仰慰　弟一昨巳耳　向戒林友事　第當公誦而　至若夾
教　弟與大寮生疎　又與秘課長無契　有何另旋之方　弟亦僅參局課長輪得之列　得
一委員　此亦苟且莫甚　有何他力之及　曲燭如何　令季氏兄　想有認金矣　不備上謝
　　弟　齊璿　二拜

　일전에 형의 계씨(季氏: 상대방의 아우를 높여 부르는 말) 형이 직접 전해 준 편지를 받고 답장 편지를 보내
려 하다가 편치 않은 일이 생겨 여태 답장을 보내지 못하고 한탄만 하고 있던 차에, 또 보내 주신 편지를 거
듭 받으니 감사한 나머지 문득 송구스럽기까지 하고, 안부가 평안하신 것을 아니 우러러 위로가 됩니다. 저
는 여전할 뿐입니다.

　지난 번 임우(林友)를 타이르신 일은 공송(公誦: 공론으로 칭송함)해야 마땅하지만, 별지에서 말씀하신 일
은 제가 대료(大寮: 높은 관리)와는 생소하고 또 비과장(秘課長)과는 교분이 없으니 무슨 달리 주선할 방법
이 있겠습니까? 저 또한 겨우 국장과 과장이 돌아가며 맡는 반열에 참여하여 한 위원이 될 뿐입니다. 이 또
한 몹시 구차스러운 일이나 무슨 미칠 수 있는 다른 힘이 있겠습니까? 자세히 아시기 바랍니다. 형의 계씨
형이 실상을 아실 것이라 생각합니다. 이만 줄이고 답장을 올립니다.

　　제(弟) 재선(齊璿)[34] 올림.

---

34) 박제선: 1899년 군무아문주사로 시작하여 1907년까지 법부주사, 법부참서관, 흡곡군수, 평리원판사 등을 역임했다.

日前
令季氏兄袖傳
大函弟付夏槭有涉未
安穩此未謝尚用茹悵又
伏拜
荐訊感餘旋悚際審
兄令體萬旺仰慰仰慰弟
一昨已耳向
戒林友事第當公誦而
至若夾 敎弟與大寮
生踈又與秘課長無契有
何另旋之方弟亦僅參局
課長輪得之列得一委員
此亦苟且莫甚有何他力
之及

❶ 曲燭如何
❷ 令季氏兄 想有認舍矣
❸ 不備上謝
❹ 弟 齊璿 二拜

17. 권중석(權重奭)

外除恩命 仰想感祝 況邑可支過耶 顒企之餘 尤切賀頌 宜卽趨賀 而顧此病蟄 不
能振起 極用悚汗悚汗耳
　　族弟 重奭 賀拜

외직에 제수하는 은혜로운 명령에 감사하셨을 것이라 생각합니다. 하물며 고을이 지탱해 나갈 수 있음이
겠습니까? 그리워하던 나머지 송축하는 마음이 더욱 간절합니다. 즉시 달려가 축하해야 마땅하나 병으로
칩거 중이라 떨치고 일어날 수 없어 지극히 송구하여 땀이 날 뿐입니다.

족제(族弟) 중석(重奭)[35]이 축하하여 절함.

---

35) 권중석: 1903년 육군보병참령, 경위원총관, 헌병사령관 등을 거쳐 1907년 육군무관학교장 때 사직했다.

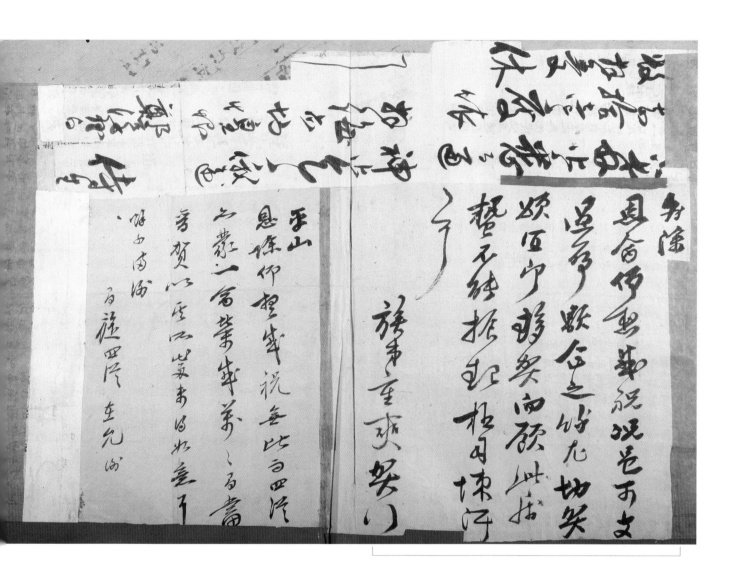

外除
恩命仰想感祝況邑可文
過耶顯企之餘尤切賀
頌宜卽趨賀而顧此病
蟄 不能振起 極用悚汗
悚汗耳
　　　　　族弟重奭賀拜

18. 권재윤(權在允)

平山恩除 仰想感祝無比 而四從亦蒙一命 榮感萬萬 卽當晉賀 以其所祟 未得如
意耳 餘不備謝
　　　卽旋 四從 在允謝

　평산(平山)군수에 임명되시어 감사와 축하가 비할 바가 없으리라 생각합니다. 저도 벼슬을 내리는 은혜를
입어 영광스럽고 감사하기 그지없습니다. 즉시 뵙고 축하드려야 마땅하나 재앙[소숭(所祟)] 때문에 뜻대로 하
지 못합니다. 나머지는 이만 줄이고 답장을 올립니다.
　편지 받고 즉시 사종(四從: 10촌 형제) 재윤(在允)[36] 답함.

36) 권재윤: 1885년 초관으로 시작하여 선전관, 하동부사를 거쳐 1903년 광주군수 때 '중은(重殷)'으로 개명하고, 1905년 양산군수를 지냈
다.

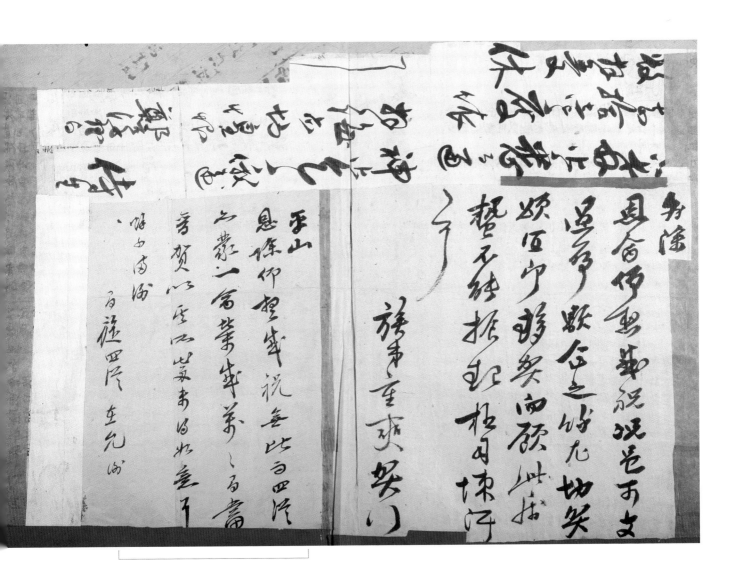

平山
恩除仰想感祝無比而四從
亦蒙一命榮感萬萬卽當
晉賀以其所祟未得如意耳
餘不備謝
　　　卽旋四從　在允謝

19. 정순각(鄭淳珏)

下敎伏悉而　通知於壹度　依數拜受　休神伏乞伏乞　俄違拜誨　亦切惶恨耳
　　侍生　鄭淳珏白

　지시하신 것은 잘 일있으며 일탁(壹度)[37]께 통지하여 숫자대로 잘 받았으니, 걱정하지 마시기를 간절히 빕니다. 지난번에 뵙고 가르침을 받지 못하여, 매우 황송하고 안타깝습니다.
　　시생(侍生) 정순각(鄭淳珏) 사룀.

---

37) 일탁: 탁지부 대신을 가리키는 것으로 보임.

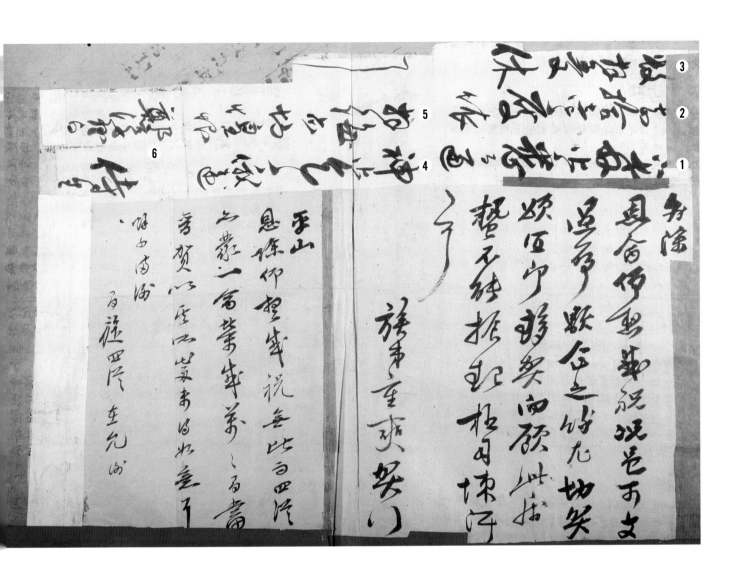

❶ 下教伏悉而通
❷ 知於壹度依
❸ 數拜受休
❹ 神伏乞伏乞俄違
❺ 拜禱亦切惶恨
❻ 侍生 鄭淳珏白

20. 정지현(鄭志鉉)①

謹伏詢　日内令兄體節增重　溸仰溸仰　弟一直鹿鹿耳　第壽筵一詩　不可以拙闕焉
率爾露拙　政如擊土鼓於雷門　多愧多愧　昨日蓮窩評　惠送諸詩　置居唐集　軒輊不
分　奉讀三復　不覺煩牙生香　鳴謝不已　餘留不備上
　　　即弟　鄭志鉉　拜上
一貼柿忘畧汗呈　不腆　可愧可愧

일간[일내(日內)] 형(兄)의 안부가 평안하신지요? 몹시 궁금합니다. 저는 줄곧 바쁘게 지낼 뿐입니다.

형의 환갑잔치에 제 시가 졸렬하다고 한 수 빼뜨릴 수 없어 솔직하게 지어 드리지만, 흡사 뇌문(雷門)에서 토고(土鼓)를 두들기는 것[38]과 같아 부끄럽기 그지없습니다. 어제 연와(蓮窩)[39]에 앉아 보내 주신 여러 시를 평하며 《거당집(居唐集)》을 두고 시의 우열[헌질(軒輊)]을 가리지 않고 여러 번 읽으니, 저도 모르게 입에서 향기가 났습니다. 고맙기 그지없습니다. 나머지 사연은 미루고 답장을 올립니다.

　　즉시 제(弟) 정지현(鄭志鉉)[40] 올림.

감 한 접을 약소하지만 보내드립니다. 많지 않아 몹시 부끄럽습니다.

---

38) 뇌문에서 토고를 두들기는 것: 성대한 잔치에 감동이 없는 시를 짓는 것. 뇌문은 회계(會稽)의 성문. 성문 위에 있는 북소리가 뇌성처럼
　　웅장하여 붙은 이름이다. 토고는 흙을 구워 틀을 만들고 가죽으로 면을 대어 만든 북으로 소리가 잘 나지 않는다.

39) 연와: 필자 정지현의 당호인 것으로 보임.

40) 정지현: 같은 이름의 인물로 소과를 거쳐 1892년 동부도사를 지낸 사람이 있다.

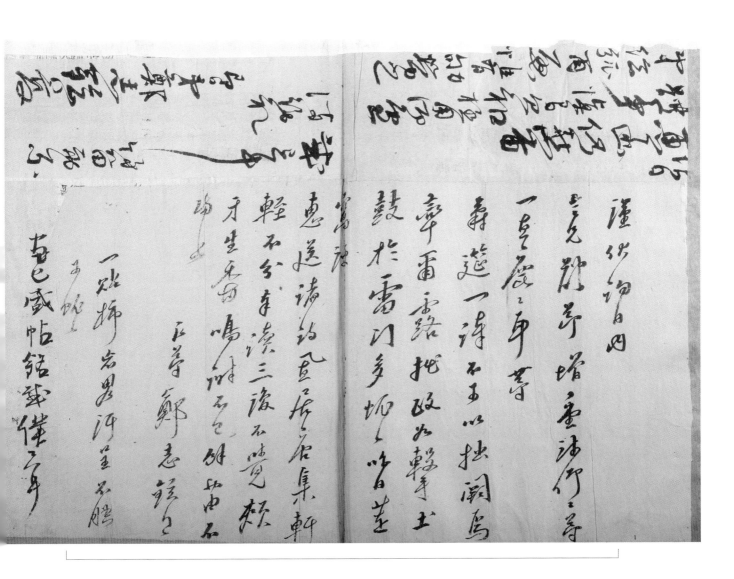

謹伏詢日內

令兄體節增重溱仰溱仰弟

一直鹿鹿耳第

壽筵一詩不可以拙闖焉

率爾露拙政如擊土

鼓於雷門多愧多愧昨日蓮

窩評

惠送諸詩置居唐集軒

輕不分奉讀三復不覺頰

牙生香鳴謝不已餘留不

備上

　　卽弟　鄭志鉉　拜上

一貼柿忘叟汗呈不腆

可愧可愧

21. 정지현(鄭志鉉)②

伏拜惠函 仍就審體事 愼有欠和 極用仰慮 弟絃弧再懸 惟有劬勞之感巳耳 餘留
副 不備謝禮
　　　　即日弟鄭志鉉拜夏
　　惠送盛帖 銘感僕僕耳

　삼가 보내 주신 편지를 받아 건강이 좋지 않으시다는 것을 아니, 걱정스럽기 그지없습니다. 저는 둘째 아들을 낳았으나[현호재현(絃弧再懸)[41]], 오직 키우기가 힘들 것이라는 느낌만 있을 뿐입니다. 나머지는 뵙고 말씀드리기로 하고 이만 줄입니다.
　　즉일(卽日) 제(弟) 정지현(鄭志鉉) 올림.

　훌륭한 첩(글씨나 그림)을 보내 주셔서, 깊이 감사하여 두 번 절합니다.

---

41) 현호재현: 번역하면 "활을 두 번째 걸었다."가 되는데, 둘째아들을 낳았다는 말이다. 《예기(禮記)》〈내칙(內則)〉에 "아들을 낳으면 문 왼쪽에 활을 걸었다."라고 한 데서 온 말이다.

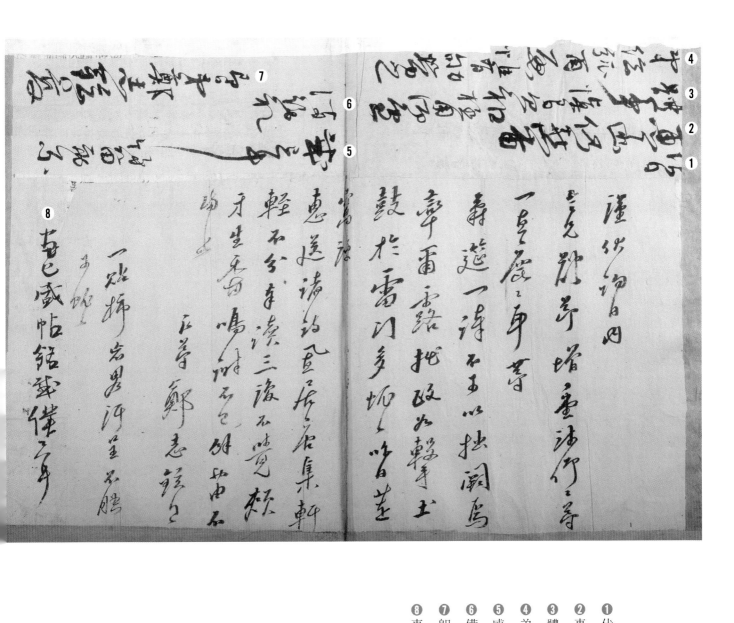

①伏拜
②惠函仍就審
③體事愼有欠和極用仰慮
④弟絃弧再懸 惟有劬勞之
⑤感已耳餘留副不
⑥備謝禮
⑦卽日弟鄭志鉉拜亥
⑧惠送盛帖銘感僕僕耳 〔아래글 좌 첫째줄〕

22. 김상수(金商洙)①

伏詢夜來 靜體節萬旺 伏頌區區 生劣依已耳 就昨教內華陽之行 難孤盛意 故意
欲勇圖於日間 而行槖無路措處 將爲之何哉 率一隻童然後乃可乎 是亦專爲省蔽以
闕之乎 不可不諒示 而且日字以何日定期耶 幷皆燭示 是仰 餘擾畧 敬止
　　　卽世下生 金商洙 二拜

밤새 정양 중의 안부가 평안하신지요? 마음으로 송축 드립니다. 저는 여전히 졸렬할 뿐입니다.

다름 아니라, 어제 말씀하신 화양(華陽)에 행차하는 것은 좋은 뜻을 저버리기 어려워 일간 과감하게 계획해 볼 생각이지만, 여비[행탁(行槖)]를 마련할[조처(措處)] 길이 없으니 장차 어떻게 합니까? 동자는 하나를 거느려야 합니까? 아니면 그것도 오직 폐단을 없애기 위하여 빼야 합니까? 확실히 알려 주시지 않으면 안 되며, 또 날짜는 언제로 정했습니까? 모두 분명히 알려 주시기 바랍니다. 나머지 사연은 바빠서 이만 줄이고 삼가 편지를 올립니다.

즉시 세하생(世下生)**42** 김상수(金商洙)**43** 올림.

---

42) 세하생: 집안끼리 대대로 교분이 있는 손위 사람에 대하여 자신을 겸손하게 이르는 말.

43) 김상수: 1906년 성균관박사로 의원면직했다.

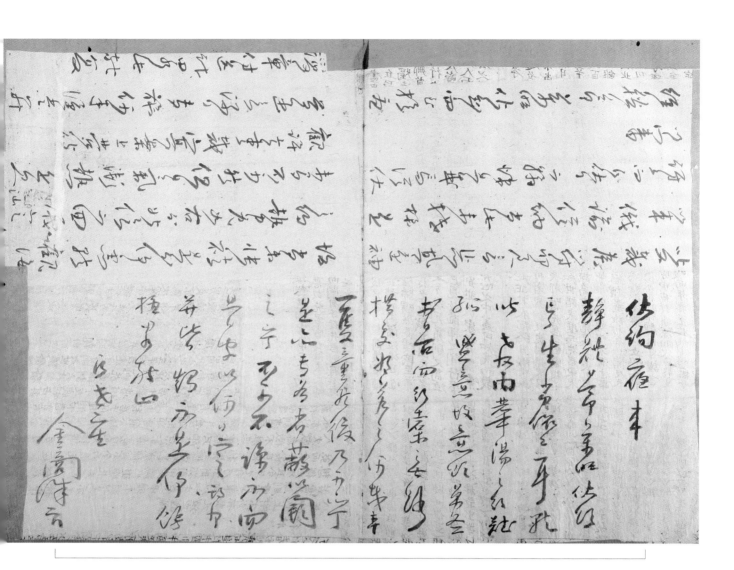

伏詢夜來

靜體節萬旺伏頌

區區生劣依已耳就

昨敎內華陽之行難

孤盛意故意欲勇圖

於日間而行橐無路

措處將爲之何哉率

一隻童然後乃可乎

是亦專爲省蔽以關

之乎不可不諒示而

且日字以何日定期耶

幷皆燭示是仰餘

擾冐敬止

　　　卽世下生 金商洙 二拜

23. 김상수(金商洙) ②

昨又裁候以付卯君矣　忘置　還袖以來　俄諭信納　尚此未抵樣　是訝是訝而　卽伏拜
下翰　悚且感焉　從伏以審　經體節萬旺　伏慰而　至於憂故　尚未快祛　是則仰慮　就
觀海之約　勢旣如右　則姑俟下回議定　未有不可然　但日氣漸熱是欠　觀許去書　裁
眞案上　苦待尊函矣　僤拜專施　何幸　謹當幷瓊章　付送計　暑此　敬夏

　어제 또 편지를 써서 존(尊)의 묘군(卯君)[44]편으로 부쳤는데, 그가 가서 전하는 것을 잊고 도로 넣어 왔습니다. 이윽고 잘 전했다고 알려 왔는데 아직 들어가지 않은 것 같아 몹시 의아하던 차에, 지금 내려 주신 편지를 받으니 죄송스럽고 또 감사합니다.

　편지 보고 경학(經學) 공부 중의 안부가 평안하신 것을 아니 위로가 되지만, 걱정거리는 아직 깨끗이 떨쳐 버리지 못하신 것이 걱정스럽습니다.

　다름 아니라, 바다 구경 약속은 형편이 이미 그러하다면 일단 하회(下回)를 기다려 의논하여 결정하는 것도 나쁘지 않은 것 같습니다. 다만, 일기가 점점 더워지는 것이 결점입니다.

　관허(觀許)에게 부칠 편지를 써서 책상 위에 두고, 존(尊)의 편지를 고대하고 있습니다. 그가 존의 편지를 받을 수 있으면 얼마나 다행이겠습니까. 편지를 써 보내시면 존의 시[경장(瓊章)]와 함께 부쳐 보낼 생각입니다. 이만 줄이고 삼가 답장을 올립니다.

---

44) 묘군: 아우. 소식(蘇軾)이 기묘년에 태어난 아우 소철(蘇轍)을 이렇게 부른 데서 유래된 말.

❶

昨又裁候以付卯君矣忘置還袖
以來俄諭信納尙此未抵樣是
訝是訝而卽伏拜下翰悚且感焉從伏
以審
經體節萬旺伏慰而至於憂

❷

故尙未快祛是則仰慮就觀海
之約勢旣如右則姑俟下回議定
未有不可然但日氣漸熱是欠
觀許去書裁實案上苦待
尊函矣　俾拜專施　何幸　謹當幷
瓊章付送計畧此敬戞

24. 손병휘(孫秉煇)

謹伏問比辰 令體候連亨萬安 宅內諸節亦得均宵 伏溯區區且忱 下生省役姑依伏
幸耳 就悚 證明書旣爲成出爲託 告於舍仲矣 姑此不送 故適因曺燮員弼淳便亦未
付上 到底不容且悚耳 下生在家無日 故如是遲緩耳 第俟後信遞當付呈矣 恕燭若
何若何 餘姑留 不備上候函
　　　戊之十月十二日 下生 孫秉煇 再拜上

　요즘 영감께서 계속 평안을 누리시며 댁내의 여러 안부 또한 두루 평안한지요? 몹시 궁금하며 성심으로
축원합니다. 저는 성역(省役: 부모를 모시며 일함)을 하며 여전하여 다행일 뿐입니다.

　말씀드리기 죄송하지만, 증명서를 작성하여 내라는 부탁을 아우에게 했는데, 아직 보내지 않았습니다. 그
래서 마침 조섭원필순(曺燮員弼淳)이 가는데도 미처 부쳐 드리지 못합니다. 도저히 용납할 수 없으며 죄송할
뿐입니다. 제가 집에 있는 날이 없어서 이렇게 늦어졌습니다. 다음에 믿을 만한 인편을 기다려 부쳐드리겠습
니다. 너그러이 용서하시고 그리 아시기 바랍니다.

　나머지 사연은 이만 줄이고 편지를 올립니다.

　무○년 10월 12일 하생 손병휘(孫秉煇)**45** 재배하고 올림.

---

45) 손병휘: 1903년 통신사 전화과 주사로서 의원면직되었다.

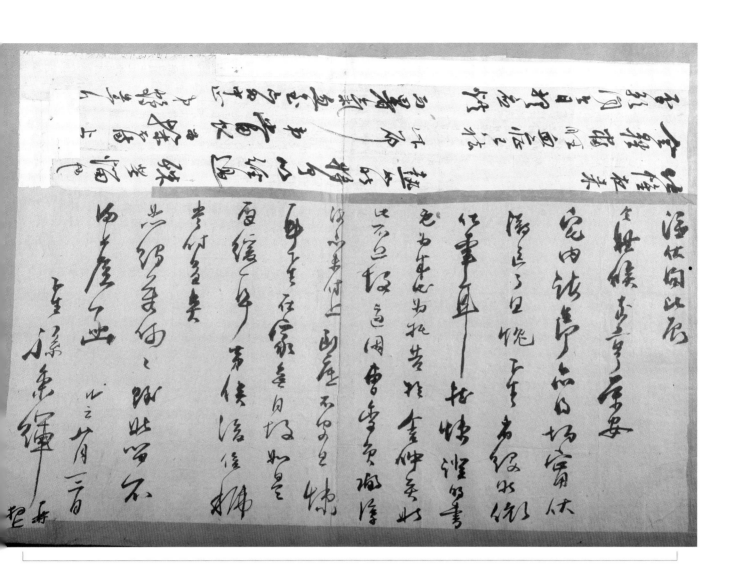

謹伏問比辰
令體候連亨萬安
宅內諸節亦得均甯伏
溯區區且忱下生省役姑依
伏幸耳就悚證明書
旣爲成出爲託告於舍仲矣姑
此不送故適因曺燮員弼淳
便亦未付上到底不容且悚
耳下生在家無日故如是
遲緩耳第俟後信遞
當付呈矣
恕燭若何若何餘姑留不
備上候函 戊之十月十二日

下生 孫秉輝 再拜上

25. ○학규(○鶴圭)

伏惟夜來 令體寢旺 血症已祛否 願聞 今日想應烘熱如昨 將何以經過計耶 弟當
食而暑氣忽至 亦爲中止 殊苦惱也 爲探不備

　　弟 鶴圭 拜

밤새 잠자리가 편안하셨으며 혈증(血症)⁴⁶은 이미 떨어졌는지요? 궁금합니다. 오늘도 어제처럼 불볕더위
가 계속될 것 같은데, 어떻게 지내실 계획인지요? 저는 먹어야 되는데 더위가 갑자기 심하여 중지하고 있어
몹시 괴롭습니다. 문안인사 올리며 이만 줄입니다.

　　제(弟) 학규(鶴圭) 올림.

---

46) 혈증: 혈액과 관련되어 생기는 증상. 권중면은 1908년 토혈증을 심하게 앓았다 한다.(아들 권태훈의 연보에서)

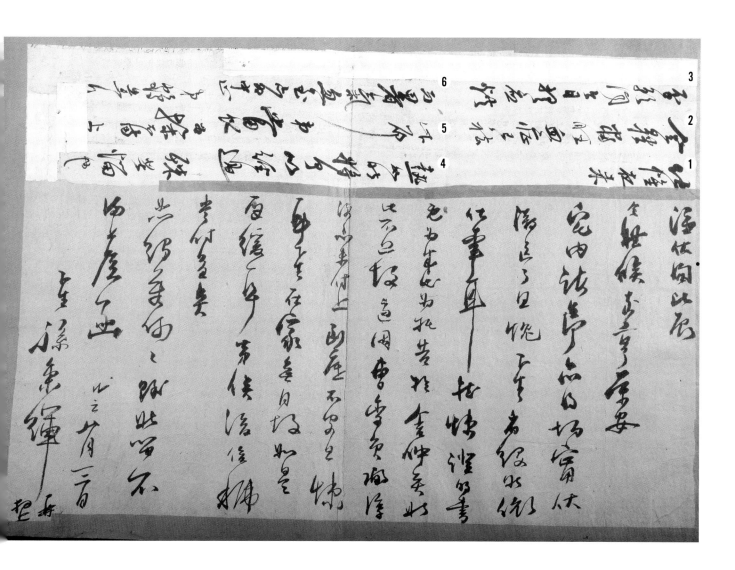

① 伏惟夜來

② 令體寢旺血症已祛

③ 否願聞今日想應烘

④ 熱如昨將何以經過 殊苦惱也

⑤ 計耶弟當食 爲探不備上

⑥ 而暑氣忽至亦爲中止 弟 鶴圭 拜

26. 심상익(沈相翊)

阻餘惠椷 卽伏拜審 日內令體萬宵 伏慰叶頌 生疊蒙恩命 惶慄萬萬 而惟以親候
粗安爲幸耳 每擬進拜 恒極公忽 未得遂意 悚悵無比 今荷先訊 伏感萬萬 無容
仰謝 餘從近進拜 不備謝上
　　　卽舊寮生 拜首 沈相翊

　소식 막힌 나머지 보내신 편지가 와서 편지 보고 요즘 영감의 안부가 평안하신 것을 아니, 위로가 되고
송축하던 마음이 놓입니다.

　저는 누차 은명(恩命)을 입어 황송하고 두렵기 그지없지만, 오직 부모님의 안부[친후(親候)]가 그런 대로 평
안하여 다행일 뿐입니다.

　늘 가서 뵈려 하지만 항상 극히 바빠 뜻대로 하지 못하니, 송구스럽고 서글프기 짝이 없습니다. 지금 먼저
보내신 편지를 받으니, 고마움이 한이 없어 무어라 감사의 말씀을 드려야 할지 모르겠습니다. 나머지는 가
까운 날에 가서 뵐 때로 미루고 이만 줄이고 답장을 올립니다.

　　　편지 받고 즉시 구료생(舊寮生)**47** 심상익(沈相翊)**48** 올림.

---

47) 구료생: 전에 같은 관아에서 근무하던 사람에 대하여 자신을 낮추어 이르는 말.

48) 심상익: 한말의 관료. 내부참서관(內部參書官)을 거쳐 1901년 중추원의관(中樞院議官), 1905년 12월 비서감승(秘書監丞), 1906년 7월
시종원부경(侍從院副卿), 봉상시제조(奉常寺提調)를 연임하고 같은 해 8월 전남관찰사로 전출되었고, 1907년 4월 내부협판(內部協辦),
같은 해 5월에 중추원 찬의(贊議)가 되었다.

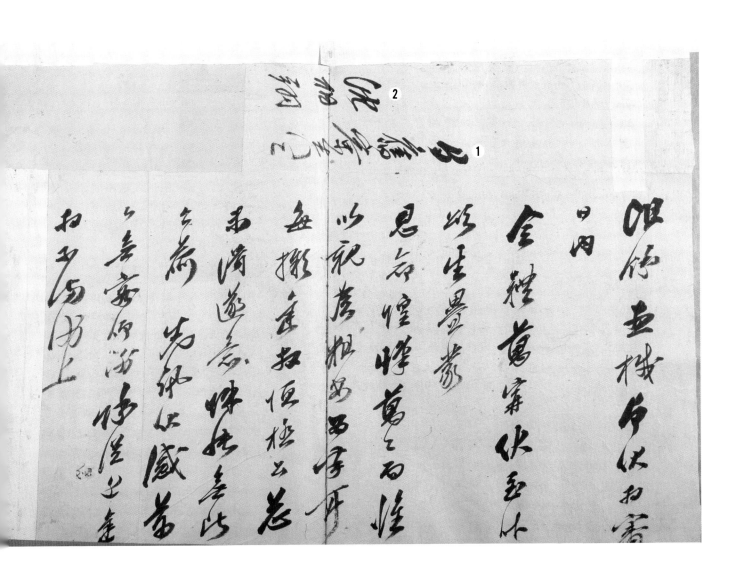

阻餘惠椷卽伏拜審
日內
令體萬衛伏慰叶
頌生疊蒙
恩命惶懍萬萬而惟
以親候粗安爲幸耳
每擬進拜恒極公忽
未得遂意悚悵無比
今荷 先訊伏感萬
萬無容仰謝餘從近進
拜不備謝上

❶ 卽舊寮生 拜首
❷ 沈相翊

27. 남정규(南廷奎)①

伏拜仰慰日來台體萬安耳 生劣狀依昔巳耳 就敎意謹悉 而若以踏驗言及 則反生
疑訝 不如以人擔之以券典之也 期限則不過三朔矣 諒下如何
　　　生 南廷奎 拜首
若有證明書 則踏驗一款 從不打緊也 幸須從速繕出爲好

편지 받아 대감의 안부가 평안하신 것을 아니, 위로가 됩니다. 저는 졸렬한 상황이 여전할 뿐입니다.
말씀하신 뜻은 삼가 알았습니다. 그런데 만약 답험(踏驗)[49]으로 언급하면, 도리어 의아심만 생깁니다. 사
람으로 부담시키고 문서로 관리하는 것만 못합니다. 기한은 3개월에 불과합니다. 헤아려 아시기 바랍니다.
　　생(生) 남정규(南廷奎)[50] 올림.

만약 증명서가 있으면, 답험한 항목은 그에 따라 중요하지 않습니다. 반드시 속히 증명서를 발급 받으시는
것[선출(繕出)]이 좋습니다.

---

49) 답험: 한해의 농사 작황을 직접 논밭에 나가 조사하여 등급을 매기는 것.

50) 남정규: 1899년 궁내부 번역관보에 임용되어, 1900년 예식원 번역관, 1903년 겸임 박문원참서(兼任博文院參書), 1904년 한미전기회사 검
찰관, 1904년 궁내부참서관 겸임 조사과장(宮內府參書官兼任調査課長), 1905년 겸임 총영사관(兼任摠領事官), 1906년 시종원부경, 한
미전기회사 검찰장(韓美電氣會社檢察長), 영선사장(營繕司長), 1907년 봉상시제조 등을 역임했다.

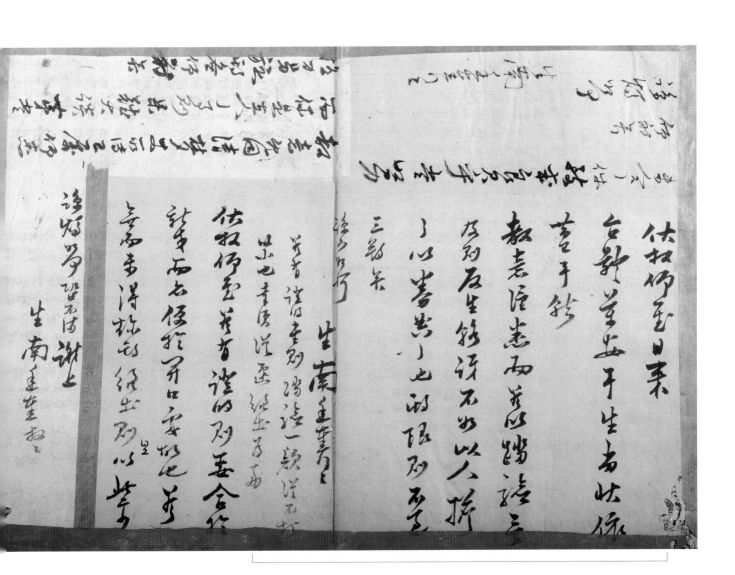

伏拜仰慰日來

台體萬安耳生劣狀依

昔已耳就

敎意謹悉而若以踏驗言

及則反生疑訝不如以人擔

之以劵典之也期限則不過

三朔矣

諒下如何

　　生　南廷奎　拜首

若有證明書則踏驗一款　從不打

緊也幸須從速繕出爲好

28. 남정규(南廷奎)②

伏拜仰慰　若有證明　則要合於新式　而亦便於開口處故也　若無而未得趁期繕出
則豈以些少未合之件　就或良貝乎　當努力仰副矣　諒燭如何
　　　生　南廷奎　拜首

편지 받아 위로가 됩니다. 증명서는 반드시 신식(新式: 새로운 양식)에 맞아야 하는데, 있으면 또한 말하여
처리하는 데 편리하기 때문입니다. 만약 없으면서 기한 안에 발급받지 못하면, 사소한 조건을 갖추지 못했
기 때문에 낭패를 당할지도 모릅니다. 힘써 부응할 것이니, 잘 헤아려 아시기 바랍니다.
　　생(生) 남정규(南廷奎) 올림.

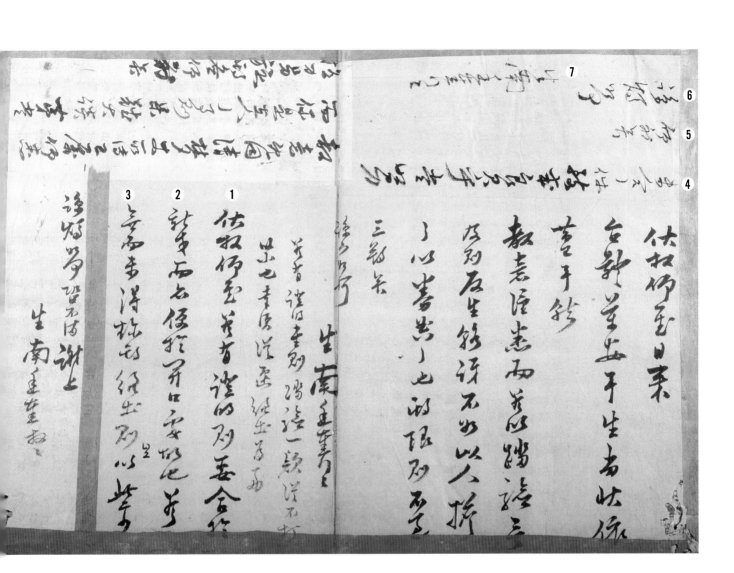

❶ 伏拜仰慰若有證明則要合於
❷ 新式而亦便於開口處故也若
❸ 無而未得趁期繕出則豈以此少
❹ 未合之件就或良貝乎當努力
❺ 仰副矣
❻ 諒燭如何
❼ 生 南廷奎 拜首

29. 남정규(南廷奎)③

向於東籬速筵　意謂拜握矣　因美愼未枉　且擬晉拜而　因私幹未得　悚悵奚似　伏
審菊秋台體節萬旺　仰慰且頌　生劣狀依昔已耳　就　敎意旣因淸夢丈所傳　已屬仰悉
而係是在人之事　則果難大談　第當極力另旋　期圖仰副矣　諒燭如何　留不備謝上
　　生　南廷奎　拜首

접때 동양(東籬)이 초대한 자리[속연(速筵)]에서 뵙고 악수할 생각이었는데, 편찮아 왕림하지 않으셨습니다. 또 가서 뵈려고 했으나 사적인 일이 있어 못 갔습니다. 몹시 죄송스럽고 섭섭했습니다.

국화 피는 가을[국추(菊秋)]에 대감의 안부가 평안하시리라 생각하여, 위로가 되고 송축드립니다. 저는 여전히 졸렬하게 지낼 뿐입니다.

다름 아니라, 말씀하신 뜻은 이미 청몽(淸夢) 장(丈)을 통하여 듣고 잘 알았습니다. 그러나 사람에게 달린 문제라 장담하기는 실로 어렵습니다. 다만 있는 힘을 다하여 각별히 주선하여 기어코 부응하도록 노력하겠습니다. 헤아려 아시기 바랍니다. 나머지는 미루고 답장을 올립니다.

　생(生) 남정규(南廷奎) 올림.[51]

---

51) 이 편지는 앞뒤 쪽에 나뉘어 있다. 처음부터 취(就)까지가 뒤쪽(30. 김연국 편지 위에 가로 쓰인 부분)에 있고, 교의(敎意)부터 끝까지가 앞쪽에 있다.

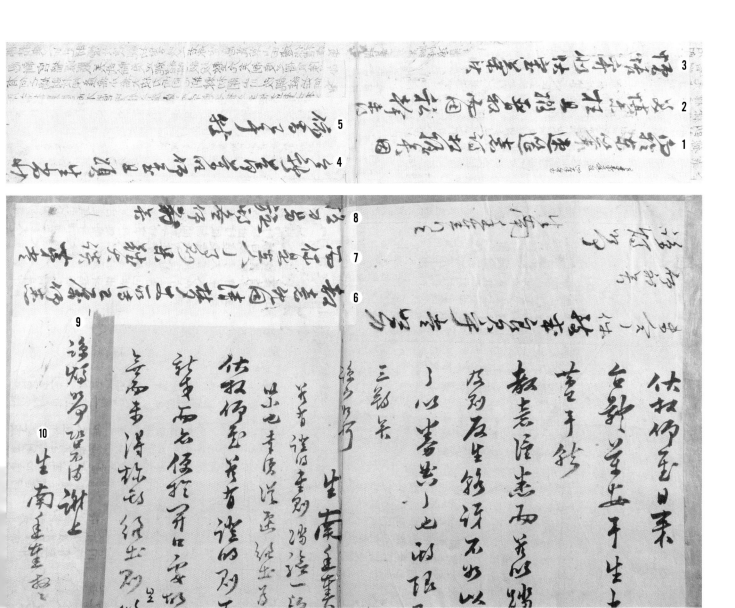

❶ 向於東簾速筵意謂拜握矣因
❷ 美慎未枉且擬晉拜而因私幹未得
❸ 悚悵奚似伏審菊秋
❹ 台體節萬旺仰慰且頌生劣狀
❺ 依昔已耳就
❻ 敎意旣因淸夢丈所傳已屬仰悉
❼ 而係是在人之事則果難大談第當
❽ 極力另旋期圖仰副矣
❾ 諒燭如何留不備謝上
❿ 生　南廷奎　拜首

30. 김연국(金演局)

許久阻候 懷仰政勤 雖緣勢也 憶昔源源 誰知至此阻隔耶 咎實在我 還切愧悚
謹詢小春 令體上萬旺 令伯氏崇節一甯耶 仰頌區區 實勞我思 第嶺上怡悅之雲
不恨不足矣 仰賀仰賀 生只自憒劣 無足仰浼而耳 那或洛旆耶 惟希復續源源之舊
緣矣 幸須留神 至仰至仰 餘爲探 姑閣謹上
　　　十月十五日 生 金演局 拜二

　오랫동안 안부를 알지 못하여 그리움이 매우 간절합니다. 형편상 그리 된 것이지만, 지난날 끊임없이 소식을 주고받았던 일을 생각하면 소식이 이렇게 끊길 줄을 누가 알았겠습니까? 잘못이 실로 제게 있어, 도리어 몹시 부끄럽고 송구스럽습니다.

　소춘(小春)[52]에 영감의 안후가 평안하시며 백씨(伯氏)의 안부도 한결같이 평안하신지요. 간절히 축원 드리며 실로 마음을 놓지 못합니다. 다만, 고개 위의 즐겁고 기쁜 구름이 아쉽지 않을 정도로 넉넉하니,[53] 우러러 축하드립니다.

　저는 단지 스스로 심란하고 졸렬할 뿐, 말씀드릴 만한 일은 없습니다.

　언제쯤 서울에 오십니까? 끊임없이 연락하던 옛 인연을 다시 잇기를 오직 바랍니다. 부디 잊지 마시기를 간절히 바랍니다. 문안 인사 올리며 나머지 사연은 이만 줄이고 삼가 편지를 올립니다.

　　　10월 15일 생(生) 김연국(金演局)[54] 올림.

---

53) 고개 …… 넉넉하니: 고개 위의 구름은 상대방을 향한 그리움을 상징한다. 이 구절은 고개 위의 구름을 볼 때 상대방에게 즐겁고 기쁜 일이 많을 것이라는 뜻이다.

54) 김연국: 1857~1944년. 종교인. 호는 구암(龜菴). 동학 제2대 교주 최시형(崔時亨)의 제자이다.

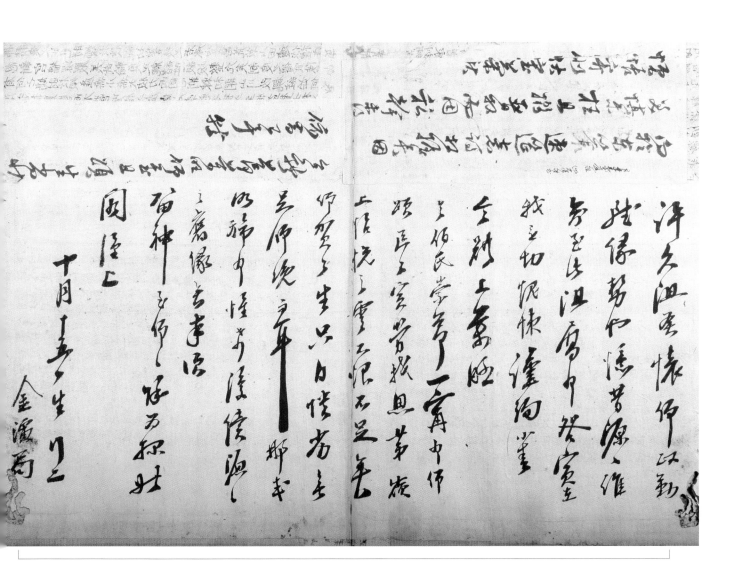

許久阻候懷仰政勤
雖緣勢也憶昔源源誰
知至此阻隔耶咨實在
我還切愧悚謹詢小春
令體上萬旺
令伯氏崇節一霄耶仰
頌區區 實勞我思第嶺
上怡悅之雲不恨不足矣
仰賀仰賀生只自慣劣無
足仰洗而耳那或
洛施耶惟希復續源源
之舊緣矣幸須
留神至仰至仰餘爲探姑
閣謹上
　十月十五日 生 金演局 拜二

* 위 편지는 남정규③의 앞 부분임.

31. 이두용(李斗用)

稽顙 向日答唁 想應府鑒矣 第庚熱甚酷 伏問雨餘 令體節萬安 閤內勻寧 令抱免
健 伏頌區區且祝 而近以何事爲消法 每與莘岩爲談話作詩消遣世慮耶 繼切願聞
下生孤哀子 頑忍苟支 諸眷一安幸甚 而所謂奠接 不知何時 其辛酸不可容告 而
人之生活何其難乎 徒非心力而已 只自浩歎耳 那邊雨澤何如而 作農形便有庶幾之
望乎 願聞而 至於鄙邊 以今所料 似可豊登 第觀下回然後 可以實告耳 餘爲探
荒迷不次 謹疏上
　　　六月 卄日 下生 孤哀子 李斗用 敬疏
即賜答 以破此遠外之鬱 若何

　계상(稽顙).[55] 전번에 보낸 조문 편지에 대한 답장은 잘 받아보셨는지요? 삼복더위[경열(庚熱)]가 혹심한 가운데 비가 내린 후에 영감의 안부 편안하시며 가내 두루 안녕하시고 손자도 아프지 않고 건강한지요? 진심으로 송축드립니다.

　최근에는 무슨 일로 소일하십니까? 매일 신암(莘岩)과 더불어 이야기 나누고 시 짓는 일로 세상 근심을 잊으시는지요? 연이어 간절히 듣고 싶습니다.

　저는 완고하게 참고 구차하게 지탱하고 있을 뿐[頑忍苟支][56] 집안 식구들이 한결같이 평안한 것이 아주 다행일 뿐입니다. 이른바 전접(奠接)[57]은 언제가 될지 몰라, 그 고생스러움이 이루 말할 수 없습니다. 사람의 생활이 왜 이다지도 어려울까요? 힘든 것은 몸과 마음뿐만이 아닙니다. 단지 스스로 크게 탄식할 뿐입니다.

　그 쪽의 우택(雨澤: 비의 혜택)은 어떠합니까? 농사 상황은 수확을 바랄 만합니까? 알고 싶습니다. 이쪽은 현재 상황으로 보면 풍작이 될 것 같습니다. 다만 하회를 본 후에라야 실제로 말할 수 있습니다.

　이렇게 문안 인사 올리며 나머지 사연은 줄입니다. 어지러워 두서없이 삼가 편지를 올립니다.

　6월 20일 하생고애자(下生孤哀子)[58] 이두용(李斗用)[59] 삼가 올림.

　추신 : 곧 답장을 주시어 이 멀리 바깥에서 겪는 우울함을 날려 주심이 어떨지요?

---

55) 계상: "이마를 조아려 말씀드립니다."라는 뜻으로 상중에 있는 사람이 편지 서두의 인사말 대신 쓰는 말.

56) 완고하게 …… 있을 뿐: 상주(喪主)의 상투적인 표현.

57) 전접: 자리 잡고 살 곳을 정함.

58) 하생고애자: 하생은 어른에 대하여 자신을, 고애자는 부모를 다 여읜 사람이 자신을 지칭하는 말.

59) 이두용: ?~1944년. 보훈처의 포상보류 좌익항일운동가 113명의 명단에 들어 있다.

稽顙向日答唁想應 府鑒矣第

庚熱甚酷伏問雨餘

令體節萬安 閤內勻寧令抱免健

伏頌區區且祝而以何事爲消法

每與莘岩爲談話作詩消遣世慮

耶繼切願聞下生孤哀子頑忍苟支諸

眷一安幸甚而所謂奠接不知何時其

辛酸不可容告而人之生活何其難

乎徒非心力而已只自浩歎耳那邊

兩澤何如而作農形便有庶幾之望

乎願聞而至於鄙邊以今所料似可豊

登第觀下回然後可以實告耳餘爲探

荒迷不次謹疏上

　　六月 廿日 下生 孤哀子 李斗用 敬疏

卽賜答以破此遠外之鬱若何

32. 목원학(睦源學)

夢想之外 令伯氏喪事 驚愕何言 歲月如馳 歲已改色 割胖之慟 仰想益復如新矣
伏維服體萬旺 閤內諸節均安 令允安侍勤課 僚仰且禱 弟毒嬰惡疾 已今六年 尙
無治效 常吟蟄伏 刀圭是事 人事修禮 徒却外事 此何人斯 只自紆歎 緣此謝狀
今此禮辭 最後於人 悚仄何喩 千萬特察此孤子病狀 統容海宥 仰希果然 此病眩
不能長提 不盡叙襞積之懷 只此不一 狀慰狀

　　　弟 睦源學 拜手 十二月四日

　　꿈에도 뜻밖의 영백씨(令伯氏)[60] 상사(喪事)에 너무나도 놀라 할 말을 잊었습니다. 세월은 쏜살같이 흘러 해가 벌써 바뀌려 하는데, 형제를 잃은 슬픔이 다시 더욱 새로울 것으로 생각됩니다.

　　상중에 몸 건강하시며, 댁내 두루 평안하고 아드님도 곁에서 잘 모시며 열심히 공부하는지요? 궁금하고 또 송축드립니다.

　　저는 악질에 독하게 걸린 지 지금 6년이 되었는데 아직도 낫지 않아, 항상 집안에 틀어박혀 신음하면서 약 먹는 것[도규(刀圭)[61]]이 일입니다. 인사와 예의를 차리는 것은 속절없이 남의 일이 되었으니, 이것이 어찌 사람입니까? 우울하여 탄식만 할 뿐입니다. 지금의 이 위문 편지도 제가 제일 늦게 썼을 것이니, 송구스럽고 불편한 마음을 어찌 다 말씀드릴 수 있겠습니까? 이 고자(孤子)[62]의 병든 상황을 천만 특별히 살펴 바다처럼 넓은 아량으로 용서하시기 바랍니다. 과연 병 때문에 현기증이 나서 오래 버틸 수 없어, 가슴에 첩첩이 쌓인 회포를 다 쓰지 못합니다. 이만 줄이고 위문 편지를 올립니다.

　　12월 4일 제(弟) 목원학(睦源學)[63] 올림.

---

60) 영백씨: 영은 상대방의 백씨(맏형)를 높여 지칭하기 위하여 붙인 접두사.

61) 도규: 옛날에 가루약의 양을 잴 때 사용하던 약숟가락. 약, 또는 약 먹는 것을 비유한다.

62) 고자: 아버지를 여의고 어머니만 모시고 있는 사람이 아버지 상중에 자신을 이르는 말.

63) 목원학: 1900년 충청북도 관찰부 주사에 임명되었고, 1907년 무너진 조경단 주룡(主龍)을 수축(修築)할 때의 공으로 승륙(陞六: 육품 벼슬로 승진)한 것이 《국역승정원일기》에 보인다.

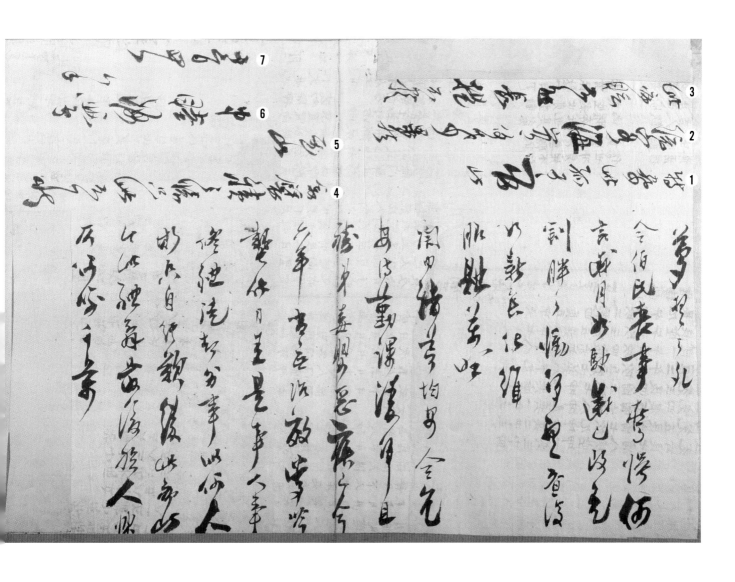

夢想之外
令伯氏喪事驚愕何
言歲月如馳歲已改色
割胖之慟仰想益復
如新矣伏維
服體萬旺
閤內諸節均安令
禱弟毒嬰惡疾已今
六年尙無治效常吟
蟄伏刀圭是事人事
修禮徒却外事此何人
斯只自紆歎緣此謝狀
今此禮辭最後於人悚
仄何喩千萬

① 特察此孤子病狀
② 統容海宥仰希果然
③ 此病眩不能長提不盡
④ 叙襄積之懷只此不一狀
⑤ 慰狀
⑥ 弟 睦源學 拜手
⑦ 十二月四日

33. 박우용(朴遇用)

伏頌日來 令體節萬安 允玉無瑕善課 就悚昨夕之約 果與諸朋列向而 乘暮則困憊
難振 未得遂意 伏悚伏悚耳 間或枉駕于寺洞耶 畿察入城云 則必與令仲氏大監
主相逢矣 第此好機 面托似好耳 顧此前程進就 自初專恃處更無他 而以令執之
好友愛情地 另旋槖及如何爲否 都在此定分 則不必多言 爲此不備達

　　卽 園弟 朴遇用 再拜

일간 안부가 평안하시고 아드님도 별 탈 없이 공부 잘하기를 축원드립니다.

말씀드리기 죄송하지만, 어제 저녁 약속에 정말 여러 붕우와 더불어 나란히 가려고 했으나 저물녘이라 고단하여 일어나기 어려워 뜻대로 하지 못했습니다. 대단히 죄송합니다.

그새 혹 사동(寺洞)에 왕림하셨는지요? 경기도 관찰사[기찰(畿察)]가 입성한다고 하는데, 반드시 중씨(仲氏) 대감님과 만날 것입니다. 이렇게 좋은 기회에 직접 부탁하시는 것이 좋을 것 같습니다. 이 일이 나아가는 앞길을 볼 때, 처음부터 전적으로 믿을 곳은 따로 없었습니다. 영 집사[영집(令執)[64]]와 우호와 애정이 있는 사람에게 특별히 주선하여 말씀드리는 것이 어떠한지요? 모든 것이 여기서 명분이 정해지면, 여러 말할 필요가 없습니다. 이만 줄입니다.

즉시 원제(園弟) 박우용(朴遇用)[65] 올림.

---

64) 영집: 영과 집 모두 상대방을 높여 이르는 말. 친구나 평교 사이에 쓰는 말.

65) 박우용: 1900년에 평안북도종두사무위원(平安北道種痘事務委員)과 내장원 종목과 주사를 거쳐, 1905년 경리원 주사에 임용된 것이 《국역승정원일기》에 보인다.

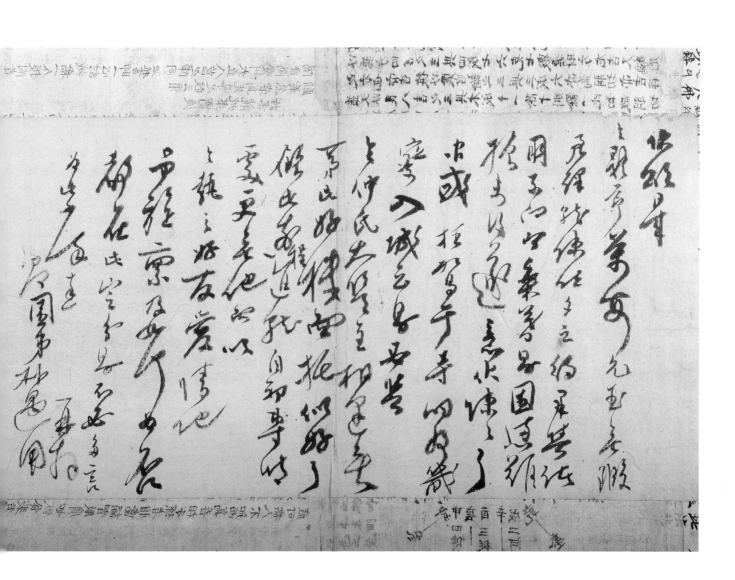

伏頌日來
令體節萬安允玉無瑕
善課就悚昨夕之約果與諸
朋列向而乘暮則困德難
振未得遂意伏悚伏悚耳
間或枉駕于寺洞耶幾
察入城云則必與
令仲氏大監主相逢矣
第此好機面托似好耳
顧此前程進就自初專恃
處更無他而以
令執之好友愛情地
另旋稟及如何爲否
都在此定分則不必多言
爲此不備達

郎 園弟 朴遇用 再拜

34. 이병화(李秉和)

(봉투) 權綾州 閣下(권능주 각하)

    延豊郡 水回面 中山里(연풍군 수회면 중산리)

燧改月圓 瞻誦際切 卽伏拜惠械 感荷可言 첷審新年 令體上棣護萬禧 覃
度均安 仰慰副祝　弟於我今我頻病悶人 惟以省率無故爲喜而也耳 第允郎似一直
赴校勤課 而其程度果在何地耶 弟來初二日　當過女婚 而感懷自不能抑也耳　餘
留不備上謝

    癸丑 元月十八 弟 李秉和 拜上

해가 바뀌고 달이 둥글어 그리움이 간절하던 차에 지금 보내신 편지를 받으니, 감사함이 이루 말할 수 없습니다. 게다가 새해에도 영감과 영감의 형제께서 복을 많이 받으시고 가내 안부[담도(覃度)]가 고루 평안한 것을 아니, 축원하던 마음에 위로가 됩니다.

저는 요즘 병이 자주 나서 걱정이며, 오직 가족들에게 별 탈 없는 것이 기쁠 뿐입니다.

아드님[윤랑(允郎)]은 한결같이 학교에 잘 다니고 열심히 공부하며, 그 과정은 몇 학년인지요?

저는 다음 달 2일 딸 혼사를 치르는데, 감회를 스스로 억누르기 어렵습니다. 나머지 사연은 이만 줄이고 답장을 올립니다.

    1913년 1월 18일 제(弟) 이병화(李秉和) 올림.**66**

---

66) 봉투에 찍힌 우체국 도장에 '永同'이 보이는 것으로, 연풍에서 영동으로 간 편지임을 알 수 있다. 1913년 당시 권중면은 서울에서 낙향하여 충북 영동에 거주하고 있었다. 연풍군은 충북 괴산에 병합되었다.

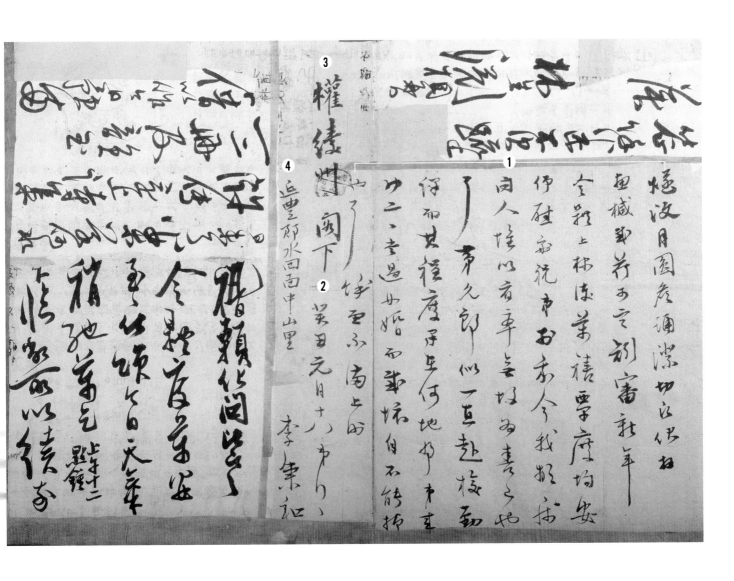

燧改月圓瞻誦際切卽伏拜

惠椷感荷可言䂓審新年

令體上棣護萬禧覃度均安

仰慰副祝 弟於我今頻病

悶人惟以府率無故爲喜而也

耳第允郞似一直赴校勤

課而其程度果在何地耶弟來

初二日當過女婚而感懷自不能抑

也耳餘留不備上謝

❷

癸丑 元月十八 弟 李秉和 拜上

❸

權綾州 閣下 ─봉투

❹

延豊郡 水回面 中山里

35. 임연상(林淵相)

稽顙伏問 比寒令體度萬安 至日伏頌 今日天氣稍弛 萬乞上午十二點鍾 下臨敝所
以續前日未了案若何 水滸傳還上 詩集一二冊及韻玉下借 以作今日預備伏企 餘迷
不次 疏上候
　　　林生淵相再拜

계상(稽顙). 요즘 날이 추운데 영감의 안부가 평안하신지요? 동짓날 송축드립니다.

오늘 날이 꽤 풀렸으니, 천만 빌 건대 상오 12시 종이 울리면 저희 집에 왕림하시어 전날 못다 한 안건을 계속하는 것이 어떠한지요?

《수호전(水滸傳)》은 돌려드립니다. 시집 한두 책과 《운옥(韻玉)》[67]을 빌려 주심으로써 오늘 할 것을 미리 준비할 수 있도록 해 주시기를 기원합니다. 나머지 사연은 이만 줄이고 편지를 올립니다.

　　　생(生) 임연상(林淵相) 올림.

---

67) 《全韻玉篇(전운옥편)》의 약자. 조선(朝鮮) 정조(正祖) 때 《강희자전(康熙字典)》을 본떠서 펴낸 한자(漢字) 자전(字典). 한글로 음(音)을 달고 운자를 붙였음. 2권 2책.

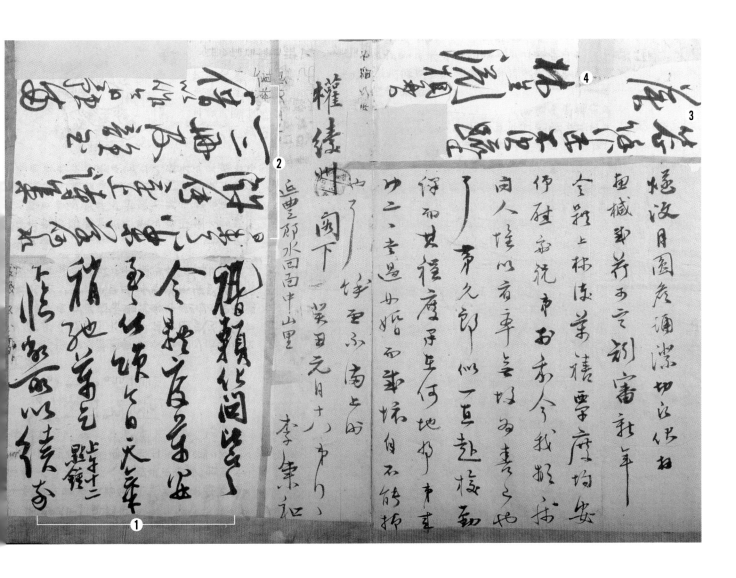

稽顙伏問比寒
令體度萬安
至日伏頌今日天氣
稍弛萬乞上午十二點鍾
下臨敕所以續前
日未了案若何水

② 誃傳還上詩集
一二册及韻玉
下借以作今日預備

③ 伏企餘迷不次疏上候

④ 林生淵相再拜

36. 이용한(李容漢)

(봉투) 函　　漆谷旅謹候上(칠곡나그네 부침)

五載星霜 殆若夢裏三山 悲望湖雲 不覺潸然 舍季來 承聞大度平安 何幸何幸 伏
詢春寒少酷 令體候萬寧 允玉穩侍篤課 仲氏台監安候 種種承聆否 遠漆區區無任
下忱 義弟劣狀姑依 餘集免警 而拘於斗米 奔汩東西 展眉無時 自憐自憐耳 就
客冬偶過儒城 逢金友正義 說作隣之計 而以企後日庶可相依 不幸斯人兄弟殞逝
痛矣痛矣 弟將覓歸田 未得其所 心常恨焉 卽見此土 則可以棲息 故先送舍季 以
爲會集之地 而且今令執事先卜其地 中心喜悅 曷勝道哉 幸須另托於朴桂根 隨事
指導 以爲奠居之地 千萬切仰切仰耳 餘維在舍季口傳 不備候上
　　三月二日 義弟 李容漢 拜上

5년 세월이 마치 꿈속의 삼신산(三神山) 같아 서글피 호운(湖雲: 은거한 곳)을 바라보니, 나도 모르게 눈물이 흐릅니다. 아우가 와서 전하여 대체로 평안하시다는 것을 들으니, 그만한 다행이 어디 있겠습니까? 봄추위가 약간 쌀쌀한데, 안부가 평안하시며 아드님은 곁에서 모시며 열심히 공부하며 중씨(仲氏) 대감의 안부도 종종 듣는지요? 멀리서 궁금하여 못난 정성을 감당할 수 없습니다.

저는 졸렬한 모습이 여전하며 가족들도 별 탈이 없으나 공무에 얽매여 이리저리 바삐 뛰어다니느라 미간이 펴질 때가 없으니, 스스로 가련할 뿐입니다.

다름 아니라, 지난겨울 우연히 유성(儒城)을 지나다가 벗 김정의(金正義)를 만나 이웃이 될 계획을 이야기하고 훗날 서로 의지할 수 있기를 기도했습니다. 불행히도 이 형제가 죽어서 몹시 슬픕니다. 저는 장차 돌아가 은거할 곳을 찾는데, 아직 구하지 못하여 마음으로 늘 안타깝게 여기고 있습니다.

그러던 차에 이 땅을 보니 살 만한 것 같아 먼저 막내아우를 보내고 모여 살 곳으로 삼았습니다. 지금 집사(執事)께서 그 땅을 살 곳으로 먼저 정하셨다니, 그 기쁨을 어찌 이루 말할 수 있겠습니까? 반드시 박계근(朴桂根)에게 특별히 부탁하고 일일이 지시하여 편안히 살 수 있는 곳으로 만드시기 바랍니다. 나머지 사연은 아우가 직접 말씀드릴 것입니다. 이만 줄이고 편지를 올립니다.

3월 2일 의제(義弟) 이용한(李容漢) 올림.

五載星霜殆若夢裏三山悲
望湖雲不覺潸然舍季來承
聞大度平安 何幸何幸 伏詢春寒少
酷
令體候萬寧充玉穩侍篤課
仲氏台監安候種種承聆否遠
漆區區無任下忱義弟劣狀姑依餘
集免警而拘於斗米奔汨東西
展眉無時自憐自憐耳就客冬
偶過儒城逢金友正義說作隣
之計而以企後日庶可相依不幸
斯人兄弟殞逝痛矣痛矣弟將覓
歸田未得其所心常恨焉卽見
此土則可以棲息故先送舍季以
爲會集之地而且今
令執事先其地中心喜悅

❶ 曷勝道哉幸須另托於朴桂
❷ 根隨事指導以爲奠居之地千
❸ 萬切仰切仰耳餘維在舍季口
❹ 傳不備候上
❺ 三月二日 義弟 李容漢 拜上
❻ 函
　漆谷旅謹候上

37. 이헌설(李憲卨)

喜雨成霖　長霖中阻候　伏切悵慕　際此下函慰感交極　伏承審潦後庚熱　令體候萬
寧　閤節勻安　伏慰賀頌　而胤君之尚未還省　貢慮憧憧　下生旅屑如昨　潦炎中　蚊蠍
之苦難堪　奈何　惟幸家信之姑安耳　下賜瓊汁諸篇　無非典雅綺麗　萬愚追悼詩
二十四遇字　無非圓滿　至於平生使用有餘愚之句　乃是逼眞絶唱　曷勝欽羨耶　來旬
間暫歸計料　其時晉謁敍萬伏計　餘不備上候
　　　七月一日 下生 李憲卨 拜

　단비가 장마가 되고 장마 중 안부 몰라 그리움이 간절하던 차에, 보내신 편지를 받으니 위로와 감사가 모두 지극합니다. 편지 보고 장마 후 삼복더위에도 건강하시며 가내 두루 평안한 것을 아니, 위로가 되고 송축드립니다. 그러나 아드님이 아직 돌아오지 않았다니, 걱정스럽기 그지없습니다.

　저는 여전히 객지에서 잡다하게 바쁘며 무더위 속에 모기의 괴로움도 감당하기 어렵지만, 무슨 수가 있겠습니까? 집 소식이 평안한 것만이 다행일 뿐입니다.

　하사하신 시 여러 편은 고아하고 아름답지 않은 것이 없습니다. '만우(萬愚)[68]를 추도하는 시'의 24 '우(遇)'자는 원만하지 않음이 없으며, 특히 '평생 사용해도 남는 어리석음[愚]'이라고 한 구절은 진실한 절창(絶唱)이니, 공경과 부러움을 어찌 감당할 수 있겠습니까?

　다음 달 초열흘에 잠시 돌아갈 계획입니다. 그때 뵙고 쌓인 회포를 풀기로 하고, 이만 줄이고 편지를 올립니다.

　　　7월 1일 하생(下生) 이헌설(李憲卨) 올림.

---

68) 만우: 권중면이 교유하던 계룡산 동학사의 큰스님. 만우화상(萬愚和尙)이라 하며, 1925년 입적했다.

喜雨成霖長霖中阻候伏切

悵慕際此

下函慰感交極伏承審潦

後庚熱

下體候萬寧　閤節勻安

伏慰賀頌而　胤君之尙未還

省貢慮憧憧下生旅屑如昨

潦炎中蚊蠍之苦難堪奈

何惟幸家信之姑安耳

下賜　瓊汁諸篇無非典雅

綺麗萬愚追悼詩二十四遇

字無非圓滿至於平生使用

有餘愚之句乃是逼眞絶唱

曷勝欽羨耶來句間暫歸

計料其時晉謁叙萬伏計餘

不備上候

七月　一日　下生　李憲高　拜

38. 김상수(金商洙)

日前 學徒便付候 倘不至洪喬以抵覽否 伏詢日來榴熱藉旱甚肆 經體節萬旺 伏頌
且禱 生劣依而已 第明日卽與申友有約者 而其實不實或可探詳歟 回敎是仰是仰
餘爲此姑不備敬

　　卽 世下生 金商洙 二拜

　일전에 학도(學徒) 편으로 부친 문안 편지는 혹 중간에 없어지지 않고 받아보셨는지요? 일간 유열(榴熱: 5월 더위)과 가뭄이 기승을 부리는데, 경학 공부 중의 안부가 평안하신지요? 송축드립니다. 저는 여전히 졸렬할 뿐입니다.

　다름 아니라[第], 내일 신우(申友)와 약속한 것이 있는데, 그것이 믿을 만한지 믿을 수 없는지 자세히 알 수 있는지요? 알려 주시기를 간절히 바랍니다. 나머지 사연은 이만 줄입니다.

　즉시 세하생(世下生) 김상수(金商洙) 올림.

① 日前學徒便付候倘不至洪
② 喬以抵覽否伏詢日來榴熱
③ 藉旱甚肆
④ 經體節萬旺伏頌且禱生
⑤ 劣依而已第明日卽與申友有
⑥ 約者而其實不實或可探詳
⑦ 歟回敎是仰是仰餘爲此姑
⑧ 不備敬
⑨ 卽世下生 金商洙 二拜

구독습유(舊牘拾遺) 건(乾)

– 옛 편지 빠진 것 모음 건편

1. 보낸 이 미상

(봉투)　　　此呈

平山 政閣令執 入納(평산군수 앞)

開尹(개성부윤) ○○

郡駐兵站 卽彈壓賊匪 保護生民之意也 且戢盜取招 果若有據 則宜報大隊 以俟
指令擧行 而不此之爲 甘聽亂招 猛推誣贓 所捉盜漢 自意措縱 宄厥所爲 大違
軍規 安得無查覈懲創者乎 且以張太平言之 出沒兵站 紹紒賊招 徵出巨款贓錢
則不容不先查根因 故押上查問 則果如入廉 下士亦爲押上者矣 大抵該賊不放 則
尹應西之實贓誣贓 易可分析 而但推其贓暗放該賊 此豈非行弄作奸者乎 張也則
將與下士對質暫爲押 待促理審辦後 放還計耳

　군(郡)에 주둔하는 병참(兵站)은 바로 도적을 진압하고 백성을 보호하기 위한 것입니다. 또 도적을 잡도리하며 취초(取招)[1]하다가 만약 증거가 나오면 대대(大隊)에 보고한 후 지령을 기다려 거행해야 합니다. 그러하지 않고 어지러운 진술을 그대로 믿고 날조된 증거를 맹렬히 추적하며 잡힌 도적을 멋대로 처리하고 석방한 것은, 그 행위를 따져 보면 군율을 크게 어기는 것이 되니, 어찌 조사하여 처벌하는 일이 없을 수 있겠습니까?

　또 장태평(張太平)으로 말하면 병참에 출몰하며 도적의 공초를 소개하고 거액의 뇌물을 받아 챙겼으니, 그 근본적인 원인을 먼저 조사하지 않을 수 없기 때문에 압송하여 조사하는 것입니다. 만약 염탐에 드러난 것과 같으면 하사(下士)도 압송하여 올려야 합니다. 대저 해당 도적을 석방하지 않으면 윤응서(尹應西)의 장물이 사실인지 날조인지 분석하기가 쉽습니다. 그러나 단지 그 장물만 찾고 해당 도적을 몰래 석방한다면, 그것이 어찌 농간질을 하는 것이 아닙니까? 장태평은 장차 하사와 대질하기 위하여 잠시 압송하고 조사하여 죄의 유무를 가린 후, 석방하여 돌려보낼 계획입니다.

---

1) 취초: 죄인을 문초하여 범죄 사실을 진술하게 함.

郡駐兵站卽彈壓賊匪保護
生民之意也且戢盜取招果若
有據則宜報大隊以俟指令擧
行而不此之爲甘聽亂招猛推誣
贓所捉盜漢自意措縱究厥所
爲大違軍規安得無査懲創
者乎且以張太平言之出沒兵站
紹紛賊招徵出巨款贓錢則不
容不先査根因故押上者査問則
果如入廉下士亦爲押上者矣大抵該
賊不放則尹應西之實贓誣贓
易可分析而但推其贓暗放該
賊此豈非行弄作奸者乎張也
則將與下士對質暫爲押待促理
審辦後放還計耳

❶ 此呈

❷ 平山 政閣令執 入納 〔봉투〕

❸ 開尹○○ 〔봉투〕

2. 권병휘(權丙輝)

(봉투) 恪(삼갈 각=謹)　儀堂面[2] 陽邨里(의당면 양둔리에서)

陰十一月九日　發　謹候上(음력 11월 9일 권중면 님께 부침)

近旬同苦　中路相分　歸猶益悵　伏詢比雪　令體事萬旺於勞撼之餘　伏溯且祝　實非
尋常　族從歸棲以后　頓無展眉之暇　良苦且憐　第向託兩公實記二帙　不眞忘域而
另圖以施　仰祝仰祝　近日夜騷種種有之　郡上亦作何狀耶　向議同隣之敎　此近頗
有可合一屋　其價不甚高　人所欲得云　果有意向則議買　如何如何　餘不備上
　　己未　十一月　九日　族從　丙輝　拜上

열흘 가까이 같이 고생하다가 중로에 서로 헤어지니, 돌아와서도 여전히 더욱 섭섭합니다. 힘든 여행을 하신 후, 요즘 눈 내리는 추위에 몸 건강하신지요? 궁금하고 또 송축드리는 마음이 실로 보통이 아닙니다.

저는 집에 돌아온 후 미간을 펼 짬이 전혀 없으니, 실로 괴롭고 가련합니다.

다름 아니라[第], 전에 부탁드린 두 공(公)의 실기(實記) 두 질을, 잊지 마시고 특별히 구하여 주시기를 간절히 빕니다.

근자에 야간 소요(騷擾)가 종종 있는데, 군(郡)은 어떤 상황입니까?

접때 함께 이웃이 되자고 의논하며 말씀하셨습니다. 이 부근에 꽤 적당한 집 한 채가 있는데, 값도 그리 높지 않아 사람들이 갖고 싶어 하는 집이라고 합니다. 만약 의향이 있으면 의논하여 사시는 것이 어떠한지요?

나머지는 이만 줄입니다.

　1919년 11월 9일 족종(族從)[3] 병휘(丙輝) 올림.

---

2) 의당면: 충남 공주에 있는 면.

3) 항렬이 같은 친족에 대해 자기를 일컫는 말.

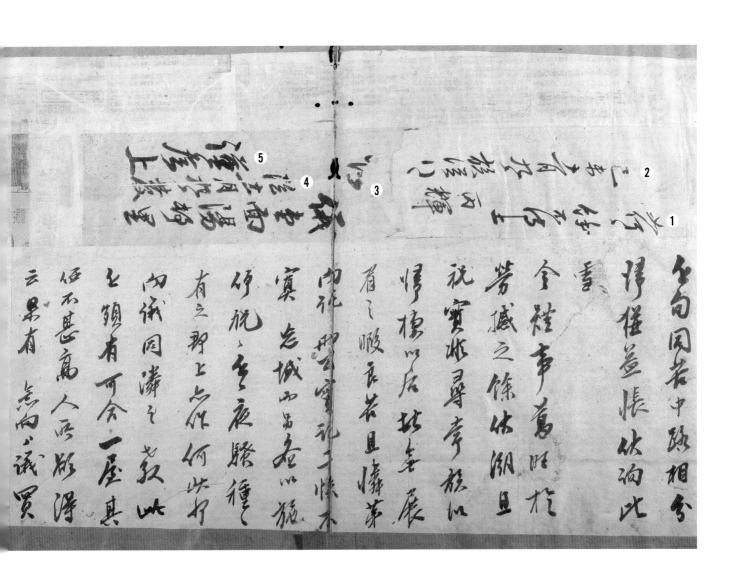

近旬同苦中路相分

歸猶盆悵 伏詢比

雪

令體事萬旺於

勞撼之餘伏溯且

祝實非尋常族從

歸棲以后頓無展

眉之暇良苦且憐第

向託兩公實記二帙不

實 忘域而另圖以施

仰祝仰祝近日夜騷種種

有之郡上亦作何狀耶

向議同隣之敎此

近頗有可合一屋其

價不甚高人所欲得

云果有 意向則議買

❶ 如何如何 餘不備上

❷ 己未十一月 九日 族從 丙輝 拜上

❸ 恪 儀堂面 陽邨里 一봉투

❹ 陰十一月九日 發 一봉투

❺ 謹候上 一봉투

3. 김상호(金商皓)

(봉투 앞면) 京西大門外雇馬洞 七十九統 三戶(서울 서대문 밖 고마동 79통 3호)

權重晃氏宅 入納(권중면 씨댁 앞)

至急勿滯(지급물체: 매우 급하니 지체하지 마시오) (우체국 소인)

(봉투 뒷면) 仁川警察署內

金商皓(인천경찰서 내 김상호)

月前自水原府上書 伏想下覽 而伊後仁川赴任后 一未上書 伏慕伏悚 伏不審 秋
凉催酷 令氣體候一向安寧 允君安侍勤課 宅內諸節勻寗 伏慕區區無任下誠 侍生
一自到仁以後 着手於多般警務之非 已有一次晉謁 亦非容易伏歎而 追憶貴宅惠愛
之澤 愈久難忘也 此去胎札 李炳億處所去書也 而如是同封 伏悚伏悚耳 餘姑留
不備上書

　　庚戌九月二十九日 侍生 金商皓 再拜

한 달 전에 수원부(水原府)에서 올린 편지는 보셨을 것이라 생각합니다. 그 후 인천에 부임하고 한 번도 편지를 올리지 못하여 그립고 또 죄송스럽습니다. 가을의 서늘함이 점점 쌀쌀해지는데, 안부가 한결같이 평안하시며 아드님은 옆에서 잘 모시고 열심히 공부하며 댁내 여러 안부도 모두 평안하신지요? 궁금한 저의 정성을 감당할 수 없습니다.

저는 인천에 부임한 후 여러 가지 경무(警務)의 그릇된 점에 손을 대어 이미 한 차례 나아가 배알했지만, 역시 용이하지 않아 안타깝습니다. 귀댁에서 도와주고 사랑해 주신 은택을 추억하면, 세월이 갈수록 잊기 어렵습니다.

여기 동봉한 편지는 이병억(李炳億)에게 가는 것입니다. 죄송하지만 전해 주시기 바랍니다. 나머지 사연은 다음으로 미루고 이만 줄입니다.

1910년 9월 29일 시생(侍生) 김상호(金商皓) 올림.

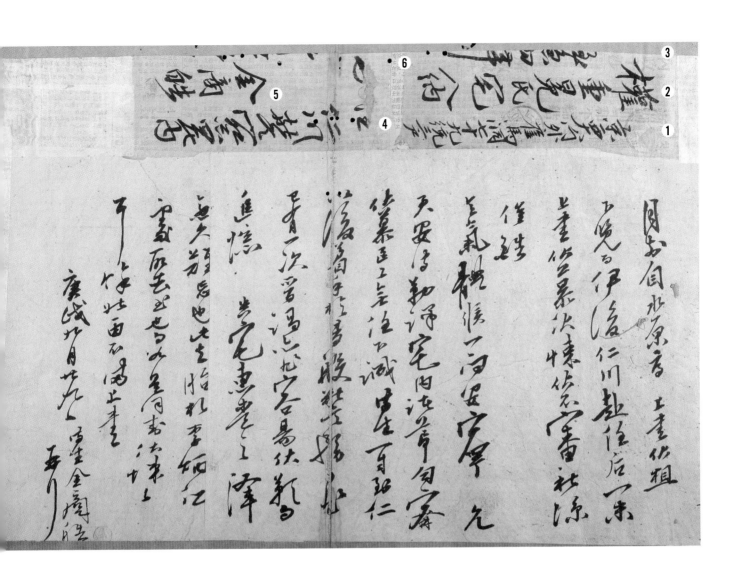

月前自水原府 上書伏想

下覽而伊後仁川赴任后一未

上書伏慕伏悚伏不審秋涼

催酷

令氣體候一向安寧允

君安侍勤課宅內諸節勻審

伏慕區區無任下誠侍生一自到仁

以後着手於多般警務之非

已有一次晉謁亦非容易伏歎而

追憶 貴宅惠愛之澤

愈久難忘也此去胎札李炳亿

處所去書也而如是同封 伏悚伏悚

耳餘姑留不備上書

　　庚戌九月二十九日 侍生 金商皓 再拜

4. 김영훈(金永薰)

汽笛一聲 巷無餘人 如失左右 莫知攸爲 貴族袖傳惠函 欣豁莫測 窃念到頭百擾
方寸未定 何暇周至 至此不退 盛意偸荷偸感 從審 令體勞攘餘萬謚 允友安侍泰
旺 仰慰叶頌 而新寓凡節 仰掌辛酸 安得不爾 第過幾日 自然整頓矣 爲庸仰頌
今聞貴族所傳則 香園杞菊 已有幾畦 恐或爲山外人獵掇去 欣參固守 以爲不年康
濟之方 吾道固應如是 且那鄕居民 一齊純古寬朴 可使一變至魯 一變至道 兼有
吾儕中數三同志 昕夕團欒云 以若令兄忠言簡行 何難善涉 爲之仰喜萬萬 日前栖
屑庭宇 念到那過 已有一詩 擬將寄郵之際 得承惠函 與從侄搆得一詩 幷呈 是
前后耿耿意 哂覽后 付瓴焉 餘呼草姑閣上
　　　丙辰 臘月吉 弟 金永薰 拜首

　기적이 한 번 울리자 항구에 남은 사람이 없어, 마치 좌우를 잃은 것처럼 어쩔 줄을 몰랐습니다. 귀 종족이 편지를 가져와 전하니, 헤아릴 수 없이 기쁩니다. 코앞에 닥치는 온갖 어려움에 마음을 가다듬기 어려운데, 무슨 겨를이 있어 이렇게 멀리까지 성의가 두루 미칩니까? 더욱 감사드립니다.

　형이 힘들고 복잡한 가운데도 몸이 건강하시며 아드님도 곁에서 모시고 편안하다는 것을 편지 읽어 아니, 송축하던 마음에 위로가 됩니다. 새 집의 여러 가지 상황이 힘들고 고생스럽다고 하시는데, 어찌 그렇지 않겠습니까? 다만 며칠 지나면 자연히 정돈될 것입니다. 그렇게 되기를 송축드립니다.

　지금 귀 종족이 전하는 말을 들으니, 향원(香園)의 구기자와 국화가 이미 여러 두둑이 되는데, 혹 산 밖 사람이 훔쳐 갈까 걱정되어 기꺼이 열심히 지켜 흉년에 먹고살 방도로 삼는다고 합디다. 우리 도[吾道]가 실로 이와 같아야 마땅합니다. 또 그 고장에 사는 사람이 한결같이 순진하고 예스럽고 너그럽고 소박하여, 한 번 변하여 노(魯)나라 사람이 되고 한 번 변하여 도(道)에 이르게[4] 할 수 있으며, 아울러 서너 동지가 있어 아침저녁으로 단란하게 지낸다고 합디다. 그렇게 충직하고 간명한 형의 언행으로, 잘 지내는데 무슨 어려움이 있겠습니까? 더할 나위 없이 기쁩니다. 일전에 뜰을 서성이다가 생각이 그쪽에 미쳐 이미 시 한 수를 지었습니다. 그 시를 우편으로 부치려 하다가 형의 편지를 받고, 종질과 시 한 수를 더 지어 아울러 보냅니다. 전후로 잊지 못하는 그리움을 읊은 것이니, 웃으며 보신 후 버리십시오.

　불러 주며 대필시키느라, 이만 줄이고 편지를 올립니다.
　　　1916년 섣달 초하루 제(弟) 김영훈(金永薰)[5] 올림.

---

4) 한 번 …… 이르게:《논어(論語) 옹야(雍也)》에 공자가 "제나라가 한 번 변하면 노나라에 이르고 노나라가 한 번 변하면 도에 이른다.[齊一
　變至於魯 魯一變至於道]"라고 한 데서 온 말이다.
5) 김영훈 : 1868년 문과에 급제한 후 1905년까지 장령, 병조정랑, 경상도관찰부 주사, 농상공부 주사 등을 역임했다.

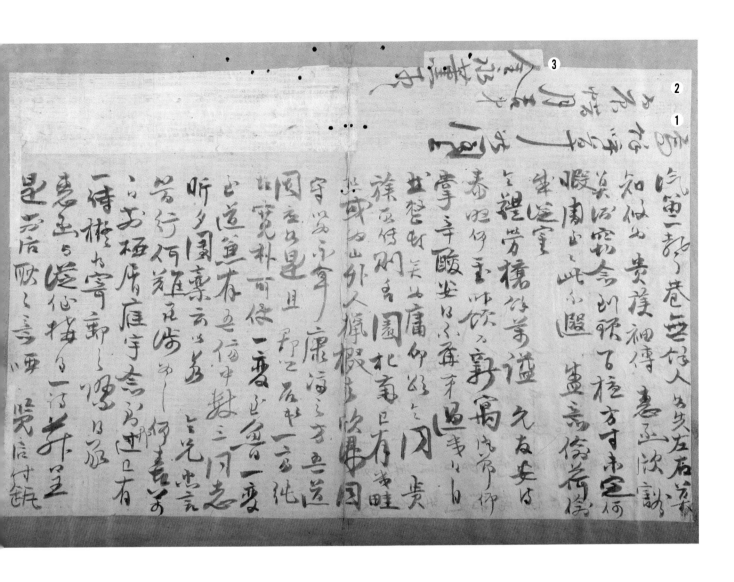

汽笛一聲巷無餘人如失左右莫
知攸爲貴族袖傳惠函欣豁
莫測窃念到頭百擾方寸未定何
暇周至至此不遇盛意儘荷儘
感從審
令體勞攘餘萬諡兄友安侍
泰旺仰慰叶頌而新寓凡節仰
掌辛酸安得不爾弟過幾日自
然整頓矣爲庸仰頌今聞貴
族所傳則香園杞菊已有幾畦
恐或爲山外人獵掇去欣參固
守以爲示年康濟之方吾道
固應如是且那鄉居民一齊純
者寬朴可使一變至魯一變
至道兼有吾儕中數三同志
昕夕團欒云 以若令兄忠言
簡行何難善涉爲之仰喜萬
萬日前栖屑庭宇念到那过已有
一詩擬將寄郵之際得承
惠函與從侄搆得一詩幷呈
是前后耿耿意哂覽后付瓵

❶ 焉餘呼草姑閣上

❷ 丙辰 臘月吉 弟

❸ 金永薰 拜首

5. 조진규(趙晉奎) ①

拜晤已經年矣 耿昻曷嘗少懈 現辰體事淸榮 靜裏所樂 必有多得 仰頌且羨 晉奎
一是閒散 不足爲賢公道也 方有幹 到張友庄上歇憩而 來時携龜峯集爲還計 故
兹呈上 此所謂還書一痴者也 然廉方收在 亦難收作自家物也 奈何奈何 仰呵仰
呵 多少留晤 不備
　　　三月二日 趙晉奎 二拜

　뵌 지 이미 한 해가 지났습니다. 그리운 마음을 어찌 잠시도 놓은 적이 있겠습니까? 요즘 안부가 평안하고 정양하는 가운데 즐거우며 반드시 얻으신 것이 많을 것이라 생각하여, 축하드리며 또 부럽습니다.
　저는 하나같이 한산하여 현명한 공(公)께 말할 만한 것은 없습니다. 지금 볼일이 있어 친구 장(張)의 농장에 도착하여 고단함을 달래고 있습니다. 돌려드리기 위하여 올 때 《구봉집(龜峯集)》[6]을 가져와서, 지금 보내드립니다. 이것이 이른바 '빌린 책을 돌려주는 하나의 바보'인 것입니다. 그러나 반듯한 사람이 가지고 있는 것을 자기 집 물건으로 만들기 어려우니, 무슨 수가 있겠습니까? 껄껄! 나머지 사연은 뵐 때로 미루고 이만 줄입니다.
　3월 2일 조진규(趙晉奎)[7] 올림.

追賦　權翠陰宅韻
권 취음(權翠陰) 댁의 운을 따라 짓다

板扉東畔井欄干　　　판자 문 동쪽 가 우물 난간
高柳烟晴雨意殘　　　높은 버드나무에 안개 걷히고 비 기운은 남았는데
蘊藉儀容疎客密　　　너그러운 도량에 소원하던 나그네도 가까워지고
雅醇法話薄夫寬　　　고상하고 순순한 말에 각박한 사내도 너그러워지네
世間謂少今知己　　　요즘 지기가 드물다고 세간에서 말하지만

---

6) 조선시대 학자 구봉(龜峯) 송익필(宋翼弼: 1534~1599)의 시문집. 11권 5책 목판본. 제자 심종직이 1622년(광해군 14년) 정엽과 신흠의 서문과 김장생의 발문을 실어 시집 1권을 간행하였고 1642년(인조20년) 김상성이 잡저 1권, 서(書) 1권, 현승편, 예문답, 가례주설과 부록 동생 송한필(宋翰弼)의 〈운곡집(雲谷集)〉을 함께 실어 간행하였다.

7) 조진규 : 1893년 의금부도사로 시작하여 1906년까지 내부참서관, 내부시찰관, 화순·인제·무안·재령군수를 역임했다.

林下更逢舊達官　　초야에서 다시 옛 고관을 만나
晚得高朋聯榻宿　　늘그막에 귀한 벗과 나란한 침상에 자니
百年第一此宵歡　　평생 제일이 이 밤의 기쁨이네
　　海傖未定(해창의 미완성 원고)

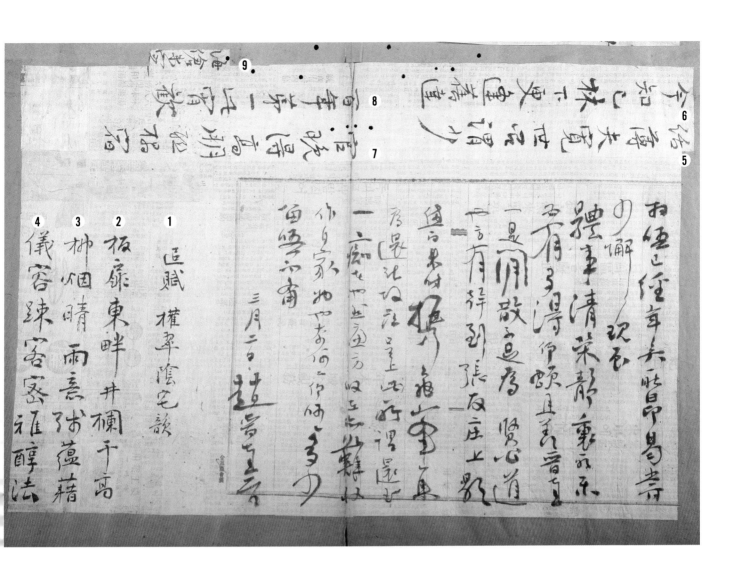

拜晤已經年矣耿昻曷嘗

少懈現辰

體事清榮靜裏所樂

必有多得仰頌且羨晉奎

一是閒散不足爲賢公道

也方有幹到張友庄上歇

憊而來時携龜峯集

爲還計故玆呈上此所謂還書

一痴者也然廉方收在亦難收

作自家物也奈何奈何仰呵仰呵多少

留晤不備

三月二日 趙晉奎 二拜

6. 조진규(趙晉奎)②

惠我一言戒履臨	깊은 연못에 선 듯 살얼음을 밟는 듯이 하라는 충고
古來友道見君今	옛날 붕우의 도를 지금 군에게서 보네
隨物鏡分妍醜色	대상에 따라 거울은 아름다움과 추함으로 나뉘고
銷閒碁亦戰爭心	소일거리로 두는 바둑도 전쟁하는 마음이네
激流石起礌硍瀑	격류에 바위가 솟으면 굉음을 내는 폭포가 되고
承日花開穩藉陰	햇빛 받아 꽃이 피면 온화한 그늘이 되는데
險崎何必愁行路	험난한 세상에 하필 행로를 근심하랴
揭厲自應從淺深	물이 얕으면 옷을 걷고, 깊으면 입고 건너면 될 것을**8**

海傖和呈翠陰詞伯 敢要賜斤

해창이 화답하여 취음 사백께 드리며, 감히 바로 잡아 주시기를 바랍니다.

書往書來 可謂天涯比鄰 雖六里之程 若在千里之遠 吾輩前日未源源時事也 今幸免此者 張春谷香山鑛物之力也 來詩如珠玉從九天而下 敢忘下俚餘音又此和 尙可謂蟻學虎步 只要大咥一場則足矣 亦何足計其工拙哉 仰呵仰呵 寒溫例也 敢閣之

三月 廿二日

편지가 가고 편지가 오면 서로 아무리 멀어도 이웃과 같지만, 6리밖에 안 되는 길인데도 마치 1,000리 멀리 있는 것 같았던 것이 전날 우리가 계속 왕래하지 않았던 때의 일입니다. 지금 다행히 이것을 면한 것은 장춘곡(張春谷)의 향산광물(香山鑛物)**9**의 힘 덕분입니다. 보내온 시가 마치 주옥이 구천에서 떨어진 것 같아 감동한 나머지 비속함을 잊고 또 이렇게 화답하지만, 개미가 호랑이 걸음을 배우는 것이라고 할 수 있습니다. 한바탕 크게 웃음거리가 되면 족할 뿐입니다. 어찌 교졸(巧拙)을 따질 가치가 있겠습니까? 껄껄. 인사는 생략하고 이만 줄입니다.

3월 22일

---

8) 물이 …… 될 것을: 세상의 변화에 따라 적응하여 산다는 말.《시경(詩經)》〈패풍(邶風)〉 포유고엽(匏有苦葉)에 "허리 정도로 물이 깊으면 옷을 입은 채 건너가고, 물이 무릎 아래 정도면 바지를 걷고 건너간다.[深則厲 淺則揭]"라고 한 데서 온 말이다.

9) 장춘곡의 향산광물: 의미 미상.

惠我一言戒履臨古來友
道見君今隨物鏡分妍醜色
銷閒某亦戰爭心激流石
起礛碬瀑承日花開穩藉
陰險崎何必愁行路揭厲
自應從淺深

賜斤

翠陰詞伯 敢要

海傖和呈

書往書來可謂天涯比鄰雖六
里之程若在千里之遠吾輩前日未
源源時事也幸免此者張春谷香
山鑛物之力也來詩如珠玉從九天而
下敢忘下俚餘音又此和尙可謂蟻學
虎步只要大哑一塲則足矣亦何
足計其工拙哉仰呵仰呵寒溫例也敢
閣之

三月 廿二日

7. 김영훈(金永薰)

焚硯久矣 未暇專事覈鴻罪鯉而 自訟懍慄 伏詢嚶鳥出谷 令體起居清毖 閤庇普
旺 滿天敬頌 弟鼎器已破 菲質且朽 坐在裏許 尚復何望 惟幸飲啄隨分而已 窃惟
吾兄自此移寓 幾何星霜 固守東岡 種得杞菊 未遂初營 被了山外人獵掇去 囊橐隨
而幾空 吾道固應如此 復誰怨尤 況且兩地阻賒弱水 書與面間徂年莫憑 每誦孔文
擧竝世通好之語 未嘗不瞿然如失 悵然如結 只欠橫雲一翩 不得奮飛行 賜病耶
耶 靜言思 惟誠罪也 安敢望善恕頻有不遐之德音哉 且惡令抱慘景 已屬過境 曾
有所仰慰 不須提擧而 區區所祝者 間又有麟抱之望耶 令咸氏近寓隣洞 連有愼
節 跨年不能振作 爲甚貢慮也 漏萬掛一 不戩上
　　甲子陰三月念三日 弟金永薰 拜上

글씨를 쓰지 않은 지[분연(焚硯)[10]] 오래되어 전적으로 기러기와 잉어[11]만 탓할 수 없어 자책하며 두려워
할 뿐입니다. 봄이 되어 새들이 골짜기에서 나와 지저귀는데, 형의 안부가 평안하시며 집안이 두루 건강한지
요? 하늘 가득 삼가 송축드립니다.

저는 정기(鼎器)[12]가 이미 깨어지고 허약한 바탕마저 노쇠하여 집안에 앉아 있으니, 다시 무슨 가망이 있
겠습니까? 분수에 따라 먹고 마시는 것이 오직 다행일 뿐입니다.

가만히 생각건대, 우리 형이 여기서 이사 가서 몇 해 동안 동강(東岡)[13]을 고수하며 구기자와 국화를 심었
으나, 첫 계획을 이루기도 전에 산 밖 사람이 따가는 바람에 자루는 거의 비었습니다. 우리 도(道)가 본래 이
와 같은데, 다시 누구를 원망하겠습니까?

더욱이 두 곳이 서로 약수(弱水)[14]로 가로막혀 편지와 얼굴을 해가 가도 볼 수 없어, 공문거(孔文擧)[15]의
"동시대 사람과 우호로 교제한다."는 말만 늘 읊으며 잃을 듯이 두렵고, 맺힌 듯이 서글프지 않은 적이 없습
니다. 빗긴 구름 타고 떨치고 날아가지 못하는 것이 유감일 뿐입니다. 병을 주신 것입니까? ○을 주신 것입

---

10) 분연: 글재주가 없는 것이 부끄러워 벼루를 태우는 것을 말한다.

11) 기러기와 잉어: 편지를 전하는 심부름꾼을 비유하는 말.

12) 정기: 도가에서 연단(煉丹)하는 용기(容器).

13) 벼슬을 사양하고 시골에 은거함.《후한서(後漢書)》〈주황서강신도열전(周黃徐姜申屠列傳)의 "덕을 닦음은 나라를 위함이고 선조로부터
대대로 고관을 지냈는데 군은 무엇 때문에 동쪽 산등성이 언덕을 지키고 있는가?"라는 구절에서 유래함.

14) 약수: 배가 가라 앉아 나무껍질로 만든 뗏목으로만 건널 수 있는 물. 험하여 건널 수 없는 물을 비유하는 말.

15) 공문거: 후한(後漢)의 학자 공융(孔融). 문거(文擧)는 자다.

니까? 가만히 생각해 보니, 진실로 저의 죄입니다. 어찌 감히 용서하고 멀리 하지 않는 말씀을 자주 주시기를 바라겠습니까?

불행한 일이지만, 형의 손자의 상은 이미 지나간 일이고 전에 위문한 바 있어 다시 들어서 말할 필요는 없습니다. 제가 축원하는 것은 그 새 손자[인포(麟抱)]를 볼 가망이 있느냐는 것입니다.

형의 조카[함씨(咸氏)]가 근자에 이웃 동네에 사는데, 계속 몸이 아파[신절(愼節)] 해가 바뀌도록 일어나지 못합니다. 몹시 걱정이 됩니다.

할 말은 태산 같지만 이만 줄이고 편지를 올립니다.

　　1924년 음력 3월 23일 제(弟) 김영훈(金永薰) 올림.

　　昕夕懷仰　構得一篇　故兹書呈　倘哂覽耶
　　조석으로 그리워하다가 시 한 수를 지었기에 써 드리니, 웃으며 보시기 바랍니다.

林廬靜寂感流年	숲속 고요한 오두막에서 흐르는 세월을 느끼며
秖合餘生做箇緣	여생에 다만 낱낱의 인연만 맺으리라
傷時長往君宜隱	시대를 아파하여 멀리 떠났으니 군은 은자고
遯世參來我亦禪	세상을 피해 참선하니 나 또한 선승
富貴焉能知己者	부귀한 사람을 어찌 지기(知己)로 삼을 수 있으랴
是非都可任他然	시비는 모두 그들이 하는 대로 맡기면 되리라
苦憶高人常耿耿	은자를 사무치게 그리워하여 늘 잊지 못하고
片雲孤月渺南天	남쪽 하늘의 조각구름과 외로운 달을 아득히 바라보네

① 一不戠上

② 甲子陰三月念三日弟金永薰拜上

③ 昕夕懷仰構得一篇故茲書呈倜哂覽耶

④ 林廬靜寂感流年秪合餘生做

⑤ 筒緣傷時長往君宜隱遯世參

⑥ 來我亦禪富貴焉能知己者

⑦ 是非都可任他然苦憶高人常

⑧ 耿耿片雲孤月淼南天

焚硯久矣未暇專事覈鴻罪鯉而自訟

懍懍伏詢嚶鳥出谷

令體起居清愍閣庇普旺滿天

敬頌弟鼎器已破菲質且朽坐在裏

許尙復何望惟幸飮啄隨分而已窈

惟吾兄自此移寓幾何星霜固守東岡

種得杞菊未遂初營被了山外人獵掇

去囊橐隨而幾空吾道固應如此復誰怨

尤況且兩地阻貽弱水書與面間徂年莫憑

每誦孔文擧竝世通好之語未嘗不瞿

然如失悵然如結只欠橫雲一翮不得

奮飛行賜病耶○耶靜言思惟

誠罪也哉且安敢望善恕頻有不遆之德

音也哉且惡令抱慘景已屬過境曾

有所仰慰不須提擧而區區所祝者間又有

麟抱之望耶令咸氏近寓隣洞連有愼

節跨年不能振作爲甚貢慮也漏萬掛

8. 권태봉(權泰鳳)

上候書

伏見惠復 兼投瓊什 雙擎再拜 圭復不已 頓不覺紙生毛 頰生香 仍伏審至沍 令
棣體候萬安 京鄕大小宅節勻迪 伏賀叶祝 區區無任下忱 族姪早年阿睹之疾 今幾
廢視 伏所自憐 就白 前月上書中 大監族叔陵齋首任事 族姪非敢與論於大人君子
出處行藏 奈此鄕曲儒見 有碍體貌 恐累名位 故敢陳愚見而復難而已 何敢岐貳
於其間哉 舍兄前承仲氏族叔下書 詳陳如例行公之意 回敎內詳問諸條 逐條上陳
至承春享時下臨之敎 於村邑宗中 事極爲圓滿 方加額西望 此意轉達伏望耳 旣
有下詩 故忘拙續貂以呈 下覽伏望 餘不備 伏惟
　　癸亥 十一月 七日 族姪 海蠹 泰鳳 再拜

문안 편지를 올립니다[上候書].

답장과 아울러 보내신 시를 받아 두 손으로 높이 들고 재배한 후 금언(金言)처럼 거듭 읽으니[규복(圭復)16)], 저도 모르는 사이에 종이에 보풀이 피고 입에 향기가 났습니다. 동짓달 추위에도 형제분 건강이 좋으시며 경향(京鄕) 대소가의 안부도 두루 평안한 것을 편지 보아 알고, 정성을 다하여 축하하고 기원했습니다.

저는 오래된 눈병으로 이제는 거의 볼 수 없는 지경에 이르러, 스스로 가련합니다.

다름 아니라, 지난달 올린 편지에서 말씀드린 대감족숙(大監族叔: 아저씨뻘인 대감)의 능재수임(陵齋首任: 능재의 우두머리) 문제는, 대인군자(大人君子)의 출처(出處)와 행장(行藏)17)에 제가 감히 끼어들어 논할 일이 아니었지만, 이 시골 유학자가 보기에 체면이 깎이거나 명성과 지위에 누가 되면 어떻게 하나 두려워 했기 때문에 감히 어리석은 소견을 말씀드리며 다시 말렸던 것입니다. 어찌 감히 그 사이를 갈라놓으려 한 것이었겠습니까?

---

16) 규복: 훌륭한 글을 열심히 읽는 것을 말함.《논어(論語) 선진(先進)》에 "남용이 백규의 글을 세 번 거듭 읽자, 공자가 형의 딸을 그의 아내로 삼게 해 주었다.[南容三復白圭 孔子以其兄之子妻之]"라고 한 데서 온 말이다.

17) 출처와 행장: 나가 벼슬하고 물러나 은거하는 것.

사형(舍兄: 친형)이 전에 중씨족숙(仲氏族叔)[18]께서 내리신 편지를 받고 예에 따라 행공(行公: 공무를 집행함)하겠다는 뜻을 상세히 진술했고, 또 편지로 상세히 질문하신 여러 조항에 대하여 조목조목 말씀드려 춘향(春享: 봄 제사) 때 내려오시겠다는 말씀까지 들었습니다. 시골 종중(宗中)으로서는 일이 지극히 원만하여, 바야흐로 이마에 손을 얹고[가액(加額)[19]] 서울 쪽을 바라보고 있습니다. 이 뜻을 전달해 주시기 바랍니다.

이미 시를 내려 주셔서 졸렬함을 무릅쓰고 따라 지어[속초(續貂)[20]]드리니, 보시기 바랍니다. 나머지는 이만 줄입니다.

1923년 11월 7일 족질(族姪) 해준(海蠢) 태봉(泰鳳) 올림.

---

18) 중씨족숙: 편지의 수신자에게 중씨가 되고 필자에게 족숙이 되는 사람.

19) 가액: 오는 것을 고대한다는 뜻.

20) 속초: "개 꼬리로 담비 꼬리를 잇다.[구미속초(狗尾續貂)]"의 준말로, 겸사(謙辭)로 쓰는 말.

恐累名位故敢陳愚

見而復難而已何敢

岐貳於其間哉舍兄

前承 仲氏族叔下

書詳陳如例行公之

意回敎內詳問諸條

逐條上陳至承春

享時下臨之敎於村

邑宗中事極爲圓滿

方加額西望此意轉

達伏望耳旣有下

詩故忘拙續貂以呈

下覽伏望餘不備伏惟

癸亥 十一月 七日 族姪

海蠢 泰鳳 再拜

上候書

伏見惠復兼投瓊

什雙擎再拜圭

復不已頓不覺紙

生毛頻生香仍伏審

至泂

令棣體候萬安京

鄉大小宅節勻迪伏

賀叶祝區區無任下

忱族姪早年阿睹

之疾今幾廢視伏

所自憐就白前月上

書中 大監族叔

陵齋首任事族姪

非敢與論於大人君

子出處行藏奈此鄉

曲儒見有礙體貌

9. 구희서(具羲書)

伏拜審小春　台體事萬晏　仰喜叶頌　弟痰氣當寒爲苦　良憐良憐　敎萬姓譜　果有積
年鈔藏　卷帙當近卅冊　而迄未竣工　尚不得粧潢矣　雖微此敎　丕擬以貴姓卷一次
質詳　則借呈固非難而　以若散亂無統　姑難送借　第於成編後呈覽也　諒下如何　若
有緊急所攷　更爲錄敎　則當考錄仰呈矣　亦爲俯亮焉　餘留從近圖進　不備上謝
　　　弟　具羲書　拜夏

소춘(小春: 음력 10월)에 대감의 안부가 평안하신 것을 편지 보고 아니, 송축하던 마음이 기쁩니다.

저는 담기(痰氣: 가래 증세)가 추운 날씨에 더욱 심하여, 정말 가련합니다.

말씀하신《만성보(萬姓譜)》**21**는 과연 여러 해 베껴 모아 권질(卷帙: 책의 분량)이 30책에 가깝지만, 아직 완성되지 않아 장황(粧潢: 책을 꾸밈)도 하지 못했습니다. 이렇게 말씀하시지 않아도 귀 성(姓)의 권(卷)을 한 차례 상세히 질문하려 했으니, 빌려 드리는 것은 어렵지 않습니다. 그러나 아직 산만하고 체계가 없어 빌려 드리기 어려우니, 편집이 완성된 후 보여 드리겠습니다. 양해하시기 바랍니다. 만약 급히 참고할 것이 있으면, 다시 써 주십시오. 찾아서 베껴 드리겠습니다. 그리 아시기 바랍니다.

나머지 사연은 가까운 날에 가서 뵐 때로 미루고, 이만 답장을 올립니다.

　　　제(弟) 구희서(具羲書)**22** 올림.

---

21) 만성보: 장서각 도서에 필사본《백씨통보(百氏通譜)》46권 46책이 있는데, 편찬자가 구희서로 되어 있다. 이 편지에 이른바 《만성보(萬姓譜)》는 이《백씨통보》를 가리키는 것으로 보인다.

22) 구희서: 1861~1930년. 1890년 소령원수봉관(昭寧園守奉官)으로 시작하여 여러 중앙관직을 역임하고 1907년 탁지부서기관 때 문관전고 소위원(文官銓考所委員)에서 해임되었다.

伏拜審小春
台體事萬晏仰喜叶頌弟
痰氣當寒爲苦良憐良憐
敎萬姓譜果有積年鈔藏
卷帙當近卅冊而迄未竣工尚不
得粧績矣雖微此敎丕擬以
貴姓卷一次質詳則借呈固非
難而以若散亂無統 姑難送借
第於成編後呈覽也
諒下如何若有緊急所攷更爲
錄敎則當考錄仰呈矣亦爲
俯亮焉餘留從近圖進不備上謝

　　弟 其義書 拜復

10. 김상수(金商洙)

再度鱗次惠覆 仰感曷已 伏以審花煦 養靜經體節萬旺 庇下普迪 何等叶祝 而至
於搬移之營 倘何處經紀否 是則願聞 生劣依向 建齋事 竣工渺然 愁亂者多 惠
寄上樑文 爲我贊揚者甚多 不敢承當 而辭意淸雅古簡 可謂不易得之文字也 何感
何感 迨此花柳之時 雖是身係紛擾 可以排却則排却 未嘗不神往紅流洞天之景
令執倘無意向否 若過今晦 易違時景 另諒示之如何 從金泉驛下陸 則經一宿 可
以抵達云耳 餘不備 謹夏
　　　戊陰三月十八日 世下生 金商洙 二拜
頃敎周覽鷄山名勝事 事雖奇勝 想無別樣興味 而倘不念及於此漢否

두 번이나 차례로 보내신 답장이 고맙기 그지없습니다. 편지 보고, 꽃피는 봄에 정양하며 경학(經學)을 공부하는 안부가 평안하시며 가족들도 모두 건강하다는 것을 아니, 송축하던 마음이 무엇보다도 기쁩니다. 이사하는 일은 혹 어디로 계획하시는지요? 알고 싶습니다.

저는 여전히 졸렬합니다. 재실 건축은 준공이 아득하여, 근심스럽고 어지러운 점이 많습니다. 보내 주신 상량문은 저를 위하여 찬양하신 것이 너무 많아 감히 감당할 수 없으나, 내용이 청아하고 예스러워 쉽게 얻을 수 없는 글이라고 할 수 있습니다. 얼마나 감사한지 모르겠습니다.

꽃과 버들이 아름다운 이때, 복잡한 일에 매여 있는 몸이지만 물리치려면 물리칠 수 있습니다. 정신은 홍류동천(紅流洞天)의 경치에 치닫지 않은 적이 없습니다. 집사께서도 혹 의향이 없습니까? 이 달 그믐이 지나면 시절의 경치를 놓치기 쉽습니다. 각별히 생각하여 알려 주시기 바랍니다. 김천역에 내려 하룻밤 지나면 닿을 수 있다고 합니다. 나머지는 이만 줄이고 삼가 답장을 올립니다.

　　　무○년 음력 3월 18일 세하생(世下生) 김상수(金商洙)**23** 올림.

지난번에 계룡산의 명승을 유람하신 일을 말씀하셨습니다. 좋은 일이긴 하지만 유별난 재미는 없었을 것 같습니다. 그런데 혹 이 사내한테는 생각이 미치지 않았습니까?

---

23) 김상수: 1906년 성균관박사에 임명되었다가 의원면직되었다.

嘉陵石默來訪	가릉[24]의 석묵이 방문하다
松關寂寂竹扉開	소나무 길 고요하더니 대사립 열리고
積雪黃昏客訪來	눈 쌓인 황혼에 손님이 찾아왔네
好緣何幸靑衿合	좋은 인연 무슨 행운으로 유생으로 만나
公道堪憐白髮催	공도를 걷더니 가련하게도 백발이 재촉하네
美釀當前先飮德	좋은 술 앞에 두고 먼저 덕을 마시고
苦吟居後敢誇才	그 다음 애써 시를 지으며 시재를 자랑하네
愛爾寒梅同我瘦	너를 사랑하노라, 나처럼 파리하면서 추위 속에 피는 매화야
尙餘晩馥待春回	아직도 남은 향기 품은 채 돌아오는 봄을 기다리는 너를

---

24) ① 강화군 양도면 능내리에 있는 고려 원종의 비 순경태후 김씨의 능.
　② 중국 사천성(四川省) 남충(南充)에 있는 구(區).

❶ 驛下陸則經一宿 可以抵達

❷ 云耳餘不備謹夏

❸ 戊陰三月十八日 世下生

❹ 金商洙二拜

❺ 嘉陵石黙來訪
　松關寂寂竹扉開
　積雪黃昏客訪來
　好緣何幸青衿合
　公道堪憐白髮催

❻ 美釀當前先飲德
　苦吟居後敢誇才
　愛爾寒梅同我瘦
　尙餘晚馥待春回

❼ 頃敎周覽鷄山名勝事事

❽ 雖奇勝想無別樣興味而倘不

❾ 念及於此漢否

再度鱗次惠覆仰感曷
已伏以審花昫
養靜經體節萬旺庇下
普迪何等叶祝而至於
搬移之營倘何處經紀
否是則願聞生劣依向建
齋事竣工渺然愁亂者
多 惠寄上樑文爲我
贊揚者甚多不敢承當
而辭意清雅古簡可謂不
易得之文字也何感何感迨此花
柳之時雖是身係紛擾可以
排却則排却未嘗不神往紅
流洞天之景 令執倘無
意向否若過今晦易違時
景另諒示之如何從金泉

11. 김영훈(金永薰)

非無郵便 尺素莫往莫來 莫若近間 不意私門不幸 承荷惠狀 是徂春徂夏 始有之 心墨 感慰交摯 而弟之所遭 世上天下豈有如是變怪耶 客年初冬 舍姪夭逝 不幾 月又當此境 一夜十起之私 固無及而 一時不單之禍 如是之酷耶 淚下無從 悲極 難抑 一篇誄文 一章哀辭 共三輓辭 到底實事實情 未有餘蘊 命讀象床之下 逝 者若有靈 足可感泣 拘懷中翰墨 自然泛忽 尚此稽謝 非敢晩也 亦非敢緩也 甚悚 且悵 無以自訟 更伏詢比日庚炎 令體連護大安 庇下普旺 旋切頌禱 無任遠私 弟 則狀況如右 有何了述 不戩上

　　壬戌中庚 弟 金永薰 拜二

우편이 없지 않은데, 요즘처럼 편지 왕래가 없었던 적이 없습니다.

뜻밖에 우리 가문이 불행하여 이 위문 편지를 받으니, 봄과 여름 후에 처음 받는 심묵(心墨: 정성스런 글)이라 감사와 위로가 모두 지극합니다. 제가 당한 일로 말하면, 세상에 어찌 이런 변괴가 있습니까? 작년 초겨울 조카가 요절하고 몇 달 되지 않아 또 이런 일을 당했습니다. 하룻밤에 열 번이나 일어나게 하는 심사는 이루 말로 할 수 없습니다. 한꺼번에 겹치는 재앙이 이렇게도 가혹합니까? 눈물이 흘러 그치지 않고 슬픔이 극에 달하여 누르기 어렵습니다.

보내신 제문 한 편, 애사(哀辭)[25] 한 장(章), 만사(輓辭) 세 개는 실제 일과 실제 심정을 처음부터 끝까지 남김없이 표현한 것입니다. 그 글들을 상상(象床: 상아로 만든 상) 아래서 읽게 했으니, 만약 망지의 영혼이 있으면 감농하여 눈물을 흘렸을 것입니다.

슬픔을 누르는 중이라 글쓰기에 자연히 소홀하여 이렇게 답장이 늦어졌습니다. 일부러 늦은 것도 아니고 감히 늦춘 것도 아닙니다. 몹시 죄송스럽고 서글퍼 자책할 길이 없습니다.

요즘 복더위에 안부는 계속 평안하시며 가족도 모두 건강한지요? 멀리서 간절히 송축드립니다. 저는 형편이 위와 같을 뿐, 무슨 말씀드릴 만한 일이 있겠습니까? 이만 줄이고 답장을 올립니다.

　　1922년 중복 제(弟) 김영훈(金永薰) 올림.

---

25) 애사: 불행한 사람이나 요절한 사람을 애도하여 쓴 글.

非無郵便尺素莫往莫來
莫若是間不意私門不幸承
荷 惠狀是徂春徂夏始有
之 心墨 感慰交摯而弟之
所遭世上天下豈有如是變
怪耶客年初冬舍姪天
逝不幾月又當此境一夜十
起之私固無及而一時不單
之禍如是之酷耶淚下無
從悲極難抑一篇誄文
一章哀辭共三輓辭到
底實事實情未有餘蘊
命讀象床之下逝者若
有靈足可感泣拘懷中

① 翰墨自然泛忽尙此稽
② 謝非敢晩也亦非敢緩也
③ 甚悚且悵無以自訟更伏
④ 詢比日庚炎
⑤ 令體連護大安 庇下普
⑥ 旺旋切頌禱無任遠私弟
⑦ 則狀況如右有何了述不
⑧ 戩上 壬戌中庚 弟 金永薰 拜二

12. 김상호(金商皓)

月前上書 伏想下燭 而伊後閱朔 伏慕愈切 伏不審庚炎 氣體候安寧 令允安侍勤
課 伏慕區區 無任下誠之至 侍生省安 而以巡查任命 再昨來到水原府 現今演習
中 方着仁川 視務樣耳 切伏念令監主平日愛護之澤 何以報答乎 愈久難忘 而從
此心報伏計 而拜謁之期 一由待好機也 餘伏祝氣體候安寧 不備上書

　　　庚戌 柒月 五日 侍生 金商皓 上書 (도장: 金商皓印)

地窄卒故 以軍事郵便 他人借名 無料付送耳

　한 달 전에 올린 편지는 보셨으리라 생각합니다. 그 후 한 달이 지나니, 사모하는 마음이 더욱 간절합니다. 삼복더위에 안부가 평안하시며 아드님도 곁에서 잘 모시며 열심히 공부하는지요? 사모하는 지극한 정성을 감당할 수 없습니다.

　저는 부모님 평안하시며, 순사(巡查) 임명 때문에 그제 수원부에 왔다가 지금은 연습(演習: 연수) 중에 인천에 도착하여 현장업무를 구경하고 있습니다.

　영감님께서 평소 사랑하고 도와주시는 은혜를 간절히 생각합니다. 무엇으로 보답할 수 있겠습니까? 오래될수록 더욱 잊기 어렵습니다. 이제부터 마음으로 보답할 생각입니다. 배알하기 위하여 한번 휴가를 낼 좋은 기회를 기다리고 있습니다.

　기체(氣體: 기력과 체력)가 평안하시기를 빌며, 이만 줄이고 편지를 올립니다.

　1910년 7월 5일 시생(侍生) 김상호(金商皓) 올림.

　처지가 군색하여 군사우편으로 타인의 이름을 빌려 무료로 편지를 부쳐 보냅니다.

月前上書伏想下燭而伊後閱

朔伏慕愈切伏不審庚炎

氣體候安寧令允安侍勤

課伏慕區區無任下誠之至侍生

省安而以巡查任命再昨來到水

原府現今演習中方着仁川視

務樣耳切伏念

令監主平日愛護之澤何以

報答乎愈久難忘而從此心報

伏計而拜謁之期一由待好機也

餘伏祝

氣體候安寧不備上書

　　庚戌 柒月 五日 侍生 金商皓 上書

金商皓印 [도장]

地窘卒故以軍事郵便他人借名無料付送耳

13. 김상수(金商洙)

鶴寺一夜穩叙 是果此世此生不易得之緣 所憎者 朴亭岐路 仰想一般此懷也 伏
詢邇來 秋意去益牢騷 令體節萬旺 胤友安侍 蓮窩尚留于祁 而所愼謂何耶 幷庸
願聞 商伊時一宿于伊院等地 其翌午車歸栖 許多塵累 依舊來侵 良苦良苦 別詩旣
有餉 故搆呈 而其外二首 又此加呈 哂覽斥敎如何 餘姑留不備上
　　菊月廿三 服人 金商洙 二拜

학사(鶴寺: 동학사)에서 하룻밤 조용히 이야기한 것은 정말 이 세상 이 생애에 쉽게 얻을 수 있는 인연이
아니었고, 싫었던 것은 박정(朴亭)의 갈림길이었습니다. 저와 같은 마음이었으리라 생각합니다.

그 후 가을 기운이 갈수록 더욱 쓸쓸한데, 안부가 평안하시며, 아드님은 곁에서 모시고 편안하며, 연와(蓮
窩: 시를 같이 짓던 벗의 호)는 아직 기(祁)에 머물고 있으며 아픈 것은 어떻다고 하는지요? 모두 궁금합니다.

저는 그때 이원(伊院) 등지에서 하룻밤 묵고 그 다음날 정오차로 집에 돌아왔는데, 속세의 많은 일들이 변
함없이 쏟아져 정말 괴롭습니다.

송별시를 이왕 보내 주셨으니, 저도 지어 드립니다. 그 밖에 두 수도 더 보내드리니, 웃으며 보신 후 바로잡
아 가르쳐 주시기 바랍니다. 나머지 사연은 미루고, 이만 편지를 올립니다.

9월 23일 복인(服人) 김상수(金商洙) 올림.

① 鶴寺一夜穩敘 是果此世此生不
易得之緣所慴者朴亭岐路仰想
一般此懷也伏詢邇來秋意去益牢
騷

② 令體節萬旺胤友安侍蓬窩
尙留于祁而所愼謂何耶幷庸願
聞商伊時一宿于伊院等地共翌
午車歸栖許多塵累依舊來侵
良苦良苦別詩旣有餉故搆呈而其

③ 外二首又此加呈

④ 哂覽斤敎 如何餘姑留不備上

⑤ 菊月廿三服人金商洙二拜

14. 김영훈(金永薰)

向也惠槭尚稽 甚悚 更伏詢比涼 令體大安 胤舍各節 亦爲普旺 仰頌且禱 向示
愼節 以耳聾肩痛 則此是暮年例有之祟 來頭遐享之漸 爲之一慮一慰 弟家運多厄
六歲孫息 一病五朔 竟見化去 薪憂以便血喉痰 登圊唾醜 呻吟姑舍 不潔莫甚
不可與人同座 不久世 從可知也 何足恤哉 大可悶者 大兒胸腹有痛 似積非蛔 宜
以謂火痰所祟 而盡宵肆發 雖僅動作 將至四歲 雜試方藥 一未見效 甚悶甚悶 日
前抵從姪書 審有錦城探賞之駕 奚囊所貯 皆是鳳鳴金鏘 何其壯也 何其雄也 健
賀健羨 走也 所經如右 拼和之不暇 而重之廢篁 未能皷○有聲 艱搆以寓葭露之
懷 幸須斤敎否 拘懷中 暫爲呼草 不備謝上

　　戊午八月念七日 弟 金永薰 拜首

　접때 편지 받고 여태 답장을 미루어 매우 죄송합니다. 요즘 날이 서늘한데, 안부가 평안하시며 아드님[윤사(胤舍)]의 여러 안부도 두루 왕성한지요? 우러러 축원합니다. 전에 말씀하신 편찮으신 것이 귀가 멀고 어깨가 아픈 것이라면, 그것은 늘그막에 으레 있는 증상입니다. 이제부터 장수[하향(遐享)]의 시작이라, 한편으로는 걱정스럽고 한편으로는 위로가 됩니다.

　제 집에는 액운이 많아 여섯 살 손자가 한 가지 병을 다섯 달 앓다가 결국 저승으로 갔습니다. 제 병은 혈변과 목구멍의 가래입니다. 뒷간에 가고 더러운 가래를 뱉으며 신음하는 것은 그만두고라도, 불결함이 막심하여 남과 자리를 함께할 수 없으니, 오래 살지 못할 것은 이로써도 알 수 있습니다. 무슨 동정할 만한 가치가 있겠습니까? 크게 걱정스러운 것은 큰 아이가 가슴과 배에 통증이 있는 것입니다. 회충 때문은 아니고 식적(食積)[26]인 것 같은데, 화담(火痰)[27]이 원인인 것 같습니다. 밤 내내 멋대로 발병합니다. 겨우 움직일 수는 있으나, 4년 가까이 되도록 방약(方藥)을 잡다하게 쓰고 한 번도 효과를 보지 못하여, 몹시 걱정입니다.

　일전에 종질에게 보낸 편지로 금성(錦城: 나주)을 유람하신 것을 알았습니다. 시 주머니[해낭(奚囊)]에 쌓인 것이 모두 봉황 울음과 옥 소리처럼 얼마나 웅장하겠습니까? 심히 축하드리며 매우 부럽습니다.

---

26) 식적: 음식이 잘 삭지 않고 쌓여 생기는 병.

27) 화담: 몸에 열이 나고 가슴이 답답하며 담이 말라 뭉치고 머리와 얼굴이 화끈화끈 달아오르는 증세. 열담(熱痰).

저는[주야(走也)] 겪은 일이 위에 말씀드린 것과 같아 흔쾌히 화답[변화(抃和)]할 여유가 없습니다. 게다가 악기 연주도 그만 두어 ○를 두드려 소리를 낼 수도 없습니다. 간신히 시를 엮어 가을[하로(葭露)]의 회포를 담았으니, 반드시 바로잡아 주시기 바랍니다.

가슴이 답답하던[구회(拘懷)] 중 잠시 불러 주며 대필시키느라, 이만 줄이고 답장을 올립니다.

1918년 8월 27일 제(弟) 김영훈(金永薰) 올림.

探賞之駕奚

囊所貯皆是鳳

鳴金鏘何其壯

也何其雄也健賀

健羨走也所經

如右拚和之不暇而

重之廢篁未能皷○

有聲艱搆

以寓葭露之懷

幸須斤敎否拘

懷中暫爲呼草

不備謝上

戊午八月念七日

弟 金永薰 拜首

向也 惠槭尙稽甚悚更伏詢

比凉

令體大安亂舍各節亦爲普

旺仰頌且禱向示愼節以耳

聾肩痛則此是暮年例有

之祟來頭遲享之漸爲之一慮

一慰弟家運多厄六歲孫息一

病五朔竟見化去薪憂以便血

喉痰登溷唾醜呻吟姑舍不

潔莫甚不可與人同座不久世從

可知也何足恤哉大可悶者大兒

胸腹有痛似積非蛔宜以謂

火痰所祟而盡宵肆發雖僅動

作將至四歲雜試方藥一未見效

甚悶甚悶日前抵從姪書審有錦城

15. 권태봉(權泰鳳)

上候書

年前奉晤拜別後 只因舍兄書詞往復 伏聞安候 只切瞻仰 伏詢良月 令座氣體候以
時萬安 京中安候 種種承聞否 伏傃區區 無任下忱 宗下生伏保劣狀外 何煩聞 就
今夏間舍兄上書中 備達陵齋首任事矣 伏見下答則 仲氏大監下教內 此是中間浪說
絕勿擧論云 故意謂杜門謝客 終老餘年 允合大監措處 欽頌不已矣 今秋墓享時
下生入齋 備說前者下答詞意則 道邨松夜兩處宗氏 急止之曰 絕勿發說云 故言重
之地 不敢論難 只自緘口 不參遞禮餕席矣 兩處宗氏謂 有大監下教而成望 然以
愚見度之則 前者下書中 中間浪說之教 果是鄭重而 遐鄕不通時宜之迂見 自以爲
是 下生何敢有一言於其間哉 此意上達于仲氏大監前 伏望 宗約所事 聞已往復于
宗宅矣 尚無回下 伏切訝鬱 答下中詳細下教 十月金郵便下送 伏望 餘不備 伏惟
癸亥十月十五日 宗下生 泰鳳 拜上

문안 편지를 올립니다.

연전에 뵙고 작별한 후, 단지 사형(舍兄: 친형)과 주고받으시는 편지를 통하여 안부를 들으며 그리움만 간절했습니다. 10월[良月]에 영좌(令座)[28]의 안부가 철따라 평안하시며, 서울 안부는 종종 듣는지요? 궁금하여 견딜 수 없습니다.

종하생(宗下生)[29]은 여전히 졸렬하게 지내고 있다는 것 외에, 무슨 말씀드릴 만한 일이 있겠습니까?

다름 아니라, 금년 여름 사형이 올린 편지에 능재수임(陵齋首任) 문제를 자세히 말씀드린 바 있습니다. 내리신 답장을 보니, 중씨 대감(仲氏大監)께서 "그것은 중간에서 퍼뜨린 낭설이니, 절대로 거론하지 말라."고 했다 하셨습니다. 그래서 마음속으로 "두문불출 객을 사절하며 여생을 끝까지 보내는 것이 대감의 조처에 진실로 합당하다."고 생각하며, 존경하고 칭송하여 마지않았습니다.

이번 가을 묘향(墓享: 묘제) 때 제가 재실에 들어가 전에 내리신 답장에서 하신 말씀을 상세히 이야기하자, 도촌(道邨)과 송야(松夜) 두 곳의 종씨들이 급히 저지하며 "절대 발설하지 마라."고 했습니다. 그래서 말조심을 해야 할 곳에서 감히 논란하지 못하고 스스로 함구한 채, 체례(遞禮)와 준석(餕席)[30]에 불참했습니

---

28) 영좌: 상대방을 높여 이르는 말.

29) 종하생: 항렬이 높은 종씨에 대하여 자신을 낮추어 이르는 말.

30) 체례와 준석: 소임을 교체하는 예와 제사 음식을 먹는 자리.

다. 두 곳 종씨는 "대감의 지시가 있어서 망단자(望單子)**31**를 만들었다."고 했습니다. 그러나 어리석은 제 생각으로 헤아려 보면, 전에 내리신 편지의 '중간에서 퍼뜨린 낭설'이라는 말씀이 과연 정중하며, 먼 시골에서 요즘 물정에 어두운 저의 어리석은 소견으로도 옳다고 생각합니다. 제가 그 사이에서 어찌 감히 한마디 말이라도 하겠습니까? 이 뜻을 중씨 대감께 말씀드려 주시기 바랍니다.

종약소(宗約所)**32** 문제는, 이미 종택(宗宅)에 갔다 왔다고 하는데, 아직 회답이 없어 몹시 의아스럽고 답답합니다. 답장에 상세히 가르쳐 주시고 돈 10원도 우편으로 보내 주시기 바랍니다.

나머지는 이만 줄입니다.

1923년 10월 15일 종하생(宗下生) 태봉(泰鳳) 올림.

---

31) 망단자: 능재수임(陵齋首任)의 후보자 명단.

32) 종약소: 종친의 친목과 질서유지를 위해 종친회의 규약인 종약(宗約)을 만들고, 그 종약을 집행하는 사무를 보는 곳.

❷

止之日絶勿發說云故言重
之地不敢論難只自緘口不
參遞禮餕席矣兩處宗
氏謂有 大監下教而成望
然以愚見度之則前者
下書中中間浪說之教
果是鄭重而遐鄉不通
時宜之迂見自以爲是下生
何敢有一言於其間哉此
意上達于仲氏大監前
伏望宗約所事聞已往復
于 宗宅矣尚無回下伏
切訝鬱 答下中詳細
下教十円金郵便下送
伏望餘不備伏惟
癸亥十月十五日宗下生 泰鳳 拜上

上候書

年前奉晤拜別後只因
舍兄書詞往復伏聞安
候只切瞻仰伏詢良月
令座氣體種候以時萬安
京中安候種種承聞否
伏像區區無任下忱宗下生
伏保劣狀外何煩聞就今
夏間舍兄上書中備達
陵齋首任事矣伏見
下答則仲氏大監下敎內
此是中間浪說絶勿擧論云
故意謂杜門謝客終老餘年
矣今秋墓享時下生入
允合大監措處欽頌不已
齋備說前者下答詞意
則道邨松夜兩處宗氏急

16. 이헌설(李憲卨)

近天亢旱 爲民惊懍 伏未審炎熱 令體候萬寧 胤友安侍 諸徒善課 可以爲長夏消
受之資否 伏傃且祝 不任憧憧之下忱 下生旅屑幸依而 家信間阻 悶菀悶菀耳 就
悚 前韻十首與略千篇蕪構 兹庸胎呈 賜鑑斤敎 前便送上卄韻 想應吟和矣 隨便
賜下 俾開茅塞 伏望伏望 餘不備白
　　甲之榴月八日 下生 李憲卨上候

요즘 날씨가 크게 가물어 백성을 위하여 슬프고 두렵습니다. 불볕더위에 안부는 평안하시고 아드님은 곁에서 잘 모시고 여러 생도는 열심히 공부하며, 이런 것이 긴 여름을 버티는 데 힘이 되는지요? 궁금하고 축원하는 정성을 감당할 수 없습니다.

저는 여전히 졸렬한 것이 다행이지만, 집안 소식이 막혀 몹시 답답하고 걱정스러울 뿐입니다.

송구스럽지만 드릴 말씀은, 전번 운(韻)으로 지은 시 10수와 약간 수를 거칠게 지어 동봉하여 드리니, 보시고 바로잡아 가르쳐 주십시오. 지난 번 인편으로 보내드린 시 20운은 화답하여 지으셨을 것 같은데, 인편이 있는 대로 보내 주시어 답답한 마음을 풀 수 있도록 해 주시기 바랍니다. 나머지는 이만 줄이고 편지를 올립니다.

　1924년 5월 8일 하생(下生) 이헌설(李憲卨) 올림.

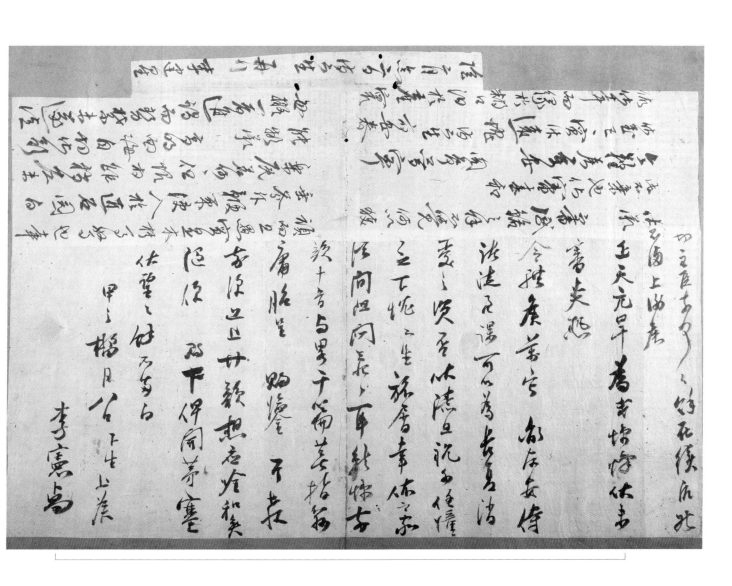

近天亢旱爲民惊懍伏未
審炎熱
令體候萬寧 胤友安侍
諸徒善課可以爲長夏消
受之資否伏愫且祝不任憧
憧之下忱下生旅屑幸依而家
信間阻悶菀悶菀耳就悚前
韻十首與略干篇蕪構兹
庸胎呈 賜鑑 斤敎
前便送上卄韻想應吟和矣
隨便 賜下俾開茅塞
伏望伏望餘不備白
　　　甲之榴月八日 下生 李憲高上候

17. 이건성(李建星)

伏承下書 感銘之餘 不覺何以獲此不棄也 伏審春和令體候萬安 閤節普寧 伏慰
區區實叶遠忱 侍下生省安眷依伏幸而 緣於糊口 汩於塵寰 頑而且愚 實是木朽馬
駑也 幸垂斧斤鞭策 使入於匠石園白樂廏 若何若何 但恨相距稍左 未能頻承高明
面誨 白切伏歎 每擬一者進謁而 勢禁未遂 徒切主臣 奈何奈何 餘在續后 姑不
備上謝候

　　　陰二月念二日 侍下生 再拜 李建星

　내려 주신 편지를 받고 감명한 나머지, 제가 어떻게 이런 대우를 받는지 모르겠습니다. 화창한 봄에 안부가 평안하시며 집안의 안부도 두루 안녕하다는 것을 아니, 그리던 마음에 위로가 되며 멀리서 송축하던 정성에 실로 부합됩니다.

　저는 어른 모시고 식구들 거느리고 그럭저럭 지내 다행이지만, 입에 풀칠하기 위하여 저잣거리 일에 골몰하느라 완고하고 어리석어 실로 썩은 나무나 노둔한 말과 다를 바 없습니다. 도끼로 찍고 채찍질을 가하여 장석(匠石)[33]의 정원이나 백락(白樂)[34]의 마구간에 들어가도록 해 주시기 바랍니다.

　다만 서로 꽤 멀리 떨어져 있어 훌륭한 가르침을 직접 받지 못하는 것이 안타까워, 혼자 탄식할 뿐입니다. 늘 한번 가서 뵈려 하지만 형편이 허락하지 않아 뜻을 이루지 못하여 몹시 죄송하기만 할 뿐, 무슨 수가 있겠습니까?

　나머지 사연은 다음으로 미루고, 이만 답장을 올립니다.

　　　음력 2월 22일 시하생(侍下生) 이건성(李建星) 올림.

---

33) 장석: 뛰어난 목수. "장석이 제(齊)나라로 가다가 곡원(曲轅)에서 토신묘(土神廟)에 있는 참나무를 보았다. 그 그늘은 소 수천 마리를 뒤덮을 만하고 그 둘레는 백 아름이나 되었는데도 장석이 좋은 재목감이 아니라고 하면서 그대로 지나갔다."《장자(莊子)》〈인간세(人間世)〉

34) 백락: 춘추(春秋) 진(秦) 목공(穆公) 때 사람 손양(孫陽)을 말한다. 말을 잘 보고 잘 기른 것으로 유명했다.《장자(莊子)》〈마제(馬蹄)〉

伏承 下書感銘之餘不覺何以獲

此不棄也伏審春和

令體候萬安 閱節普寧

伏慰區區實叶遠忱侍下生省安眷

依伏幸而緣於糊口汩於塵寰

頑而且愚實是木朽馬駑也幸

垂斧斤鞭策使入於匠石園白

樂廲若何若何但恨相距稍左未

能頻承高明面誨自切伏歎

每擬一者進謁而勢禁未逐徒

切主臣奈何奈何餘在續后姑

不備上謝候

陰二月念二日 侍下生 再拜 李建星

18. 이노철(李魯轍)

(봉투) 洪城郡 金馬面 竹林里

        李魯轍 上候函(이노철 부침)

| 보낸 이의 도장 犯碧齋, 雷天電 |

向因姜漢永氏便 敬聞聲華之熟 八耋侍下人事 不能趨摳於門屛之下 只切慕仰之
際 拜承惠下讚律 體調韻和 如鶴立鷄群 昂然彌高 實爲鄙門千秋不朽之寶 爲人
不肖爲親之地 百拜感服 不知攸謝 只切愧悚而已 謹伏審夏令氣體候連享萬安 伏
庸區區不任且祝之至 侍生親候一依 伏幸伏幸 就惠下讚律 將記入于後集繡鋟中
伏計 諒下若何若何 讚行文寶五卷冊 旣爲印刷竣工 自士林中多數分帙 于各處貯
積若干而已 一帙冊卽便奉呈 考受後卽爲賜答 伏望伏望 又有後集三卷冊 將爲開
刊而 各道列邑士林中贊詞繼續還至 第待鄕中爲之之伏計 伏望尊座勿靳繡虎雕龍
之製 以爲後集弁卷序文惠施則 不啻爲人不肖者銘心刻骨 實爲鄙門千秋不朽之寶
然而未知於處分之如何 千萬仰懇不已 餘在續后 不備下鑑 謹拜上候書

      乙丑 四月 十九日 侍生 李魯轍 再拜

접때 강한영(姜漢永) 씨 편으로 화려한 명성[성화(聲華)]을 삼가 익히 들었습니다. 팔십 노인을 모시고 있는 처지라 문병(門屛) 아래 달려가 모시지 못하고 우러러 사모하기만 하다가, 찬율(讚律: 찬양하는 율시)을 받았습니다. 시의 격조와 운율이 조화로운 것이 마치 군계일학처럼 우뚝 솟아, 실로 저희 가문에 천추에 길이 빛날 보배가 될 것입니다. 부모를 위하는 불초자식의 처지에 백번 절하고 감복하여 무어라 감사의 말씀을 드려야 할지 알지 못하고 단지 부끄럽고 죄송할 뿐입니다.

여름철에 계속 평안하신 것을 편지 보고 아니, 축하하는 지극한 정성을 감당할 수 없습니다. 저는 부모님의 안부가 여전하여 아주 다행입니다.

그리고 보내 주신 찬율은 후집(後集)에 넣어 인쇄할 계획인데, 양해해 주시는 것이 어떠한지요?《찬행문보(讚行文寶)》[35] 다섯 권은 책이 이미 인쇄가 완료되어, 사림(士林)에 다수 나누어 주고 각처에 약간씩 쌓아

---

35) 찬행문보: 행적을 찬양하는 글을 모은 책인 것으로 보인다.

두었습니다. 책 한 질을 이 인편으로 보내드리니, 확인하여 받으시고 즉시 답장을 주시기를 간절히 바랍니다. 또 후집 세 권도 책을 장차 간행할 것입니다. 각 도와 열 읍 사림의 찬사(贊詞: 찬양하는 글)가 계속 오고 있으나, 향중[鄕中: 동향(同鄕)]의 찬사만을 기다려 만들 계획입니다. 존좌(尊座: 상대방을 높여 이르는 말)께서도 훌륭한 문장력을 아끼지 마시고 후집의 서문을 써 주시면, 저처럼 못난 사람의 마음과 뼈에 새길 뿐만 아니라 실로 우리 가문에 천년토록 길이 전할 보물이 될 것입니다. 그러나 어떻게 처분하실지 몰라, 천만 번 우러러 간청하여 마지않습니다. 나머지는 다음으로 미루고 이만 줄이니 헤아리시기 바라며, 삼가 절하고 편지를 올립니다.

1925년 4월 19일 시생(侍生) 이노철(李魯轍) 올림.

❶ 乙丑 四月 十九日 侍生 李魯轍 再拜

❷ 洪城郡 金馬面 竹林里

❸ 李魯轍 上候函 ──봉투

❹ 犯碧齋·雷天電 ──보낸이 미상

向因姜漢永氏便敬聞聲華
之熟八耋侍下人事不能趨摳於
門屏之下只切慕仰之際拜承惠
下讚律體調韻和如鶴立鷄群昂
然彌高實爲鄙門千秋不朽之寶
爲人不肖爲親之地百拜感服不知攸
謝 只切愧悚而已 謹伏審夏令
氣體候連享萬安伏庸區區不任且
祝之至侍生親候一依伏幸伏幸就惠下
讚律將記入于後集繡錢中伏計
諒下若何若何讚行文寶五卷冊旣爲印刷
竣工自士林中多數分帙于各處貯積若
干而已一帙冊卽便奉呈考受後卽
爲賜答伏望伏望又有後集三卷冊將爲
開刊而各道列邑士林中贊詞繼續還
至第待鄉中爲之之伏計伏望
尊座勿靳繡虎雕龍之製以爲後集
弁卷序文惠施則不啻爲人不肖者銘
心刻骨實爲鄙門千秋不朽之寶然而
未知於處分之如何千萬仰懇不已餘
在續后不備下鑑 謹拜上候書

19. 김영훈(金永薰)

去月惠書 尙此稽謝 自訟逋慢 卽玆春暮暢和 不審兄令體連護珍重 庇下諸節亦復
甚似 春服告成 風浴卓志 想不爽點也之與也 旣庸仰頌 旋切健羨 弟老大之懷
窮廬之歎 冒集擾惱 無以裁遣 有何可稱嚮也 俯存十一疊瓊章 四闋長調 一幅圖
籍 篇篇奉讀 怳若披雲睹天 爽朗快活 塵世鄙吝消盡 無些兒點 至若緖言 道得
此漢實題 逈出尋常 亦不無警惺 若非愛之深德之厚 烏可念注至此 然此漢冥頑
野牛 本性耐鞭不起 何哉 一一粧帖 揭之典之 非但爲世上天下莫重之珍貴 節節
鏤感 此生前未敢忘也 永以爲微門傳世寶幕也 且令允盛什 典雅淸神 何若是其
格之高也 父兄之下 固應如是 疇昔之所未圖 而莫如好子孫 令兄可謂無憂也 卓
岩李斯文雅致高風 飽聞景仰業已久矣 不料今者有此注惠華章 非徒淸絶可仰 感
荷良深 玆修謝儀 一袋胎呈 幸須使將命者傳致爲希 肅此不戩上
　　乙丑 上巳 弟 金永薰 拜首

지난 달 보내신 편지를 받고 여태 답장을 미루다가, 태만함을 스스로 반성했습니다. 지금 봄볕이 화창한데 형의 기력이 좋으시며, 제자들도 봄옷이 완성되어 기수에서 목욕하고 무에서 바람을 쐬겠다는 증점(曾點)의 탁월한 뜻**36**과 다르지 않을 것 같아, 우러러 송축하며 아울러 몹시 부럽습니다.

저는 늙은이의 회포와 가난의 탄식에다 몰려드는 근심과 번뇌를 해소할 길이 없으니, 무슨 말할 만한 일이 있겠습니까?

보내 주신 경장(瓊章) 11첩(疊), 장조(長調) 4수[결(闋)], 도적(圖籍) 한 폭을 하나하나 읽으니, 황홀함이 마치 구름을 헤치고 하늘을 보는 듯 상쾌하여 속세의 갑갑함이 한 점도 없이 말끔히 사라졌습니다.

서언(緖言: 머리말)으로 말하면, 차한(此漢: 이놈)**37**에 관한 사실을 쓴 것이 평범함을 훨씬 벗어나고 또한 깨우치는 점도 없지 않으니, 깊은 사랑과 두터운 덕이 아니면 어찌 이렇게 마음을 쏟으실 수가 있습니까? 그러나 이놈은 어리석고 완고한 들소라, 채찍을 참으며 일어나지 않는 본성입니다. 무슨 수가 있겠습니까? 일일이 표구하여 걸고 본보기로 삼겠습니다. 세상 천하의 더없이 귀중한 보물일 뿐 아니라, 구구절절 마음에

---

36) 봄옷이 …… 뜻: 《논어(論語) 선진(先進)》의 공자가 제자들에게 뜻을 묻자, 증점(曾點)이 다음과 같이 대답한 대목에서 온 말이다. "늦은 봄 봄옷이 완성되면 관을 쓴 벗 대여섯 명과 더불어 아이들 예닐곱 명을 데리고 기수에 가서 목욕하고 무우에서 바람을 쐰 후 노래하며 돌아오겠습니다.[暮春者 春服旣成 冠者五六人 童子六七人 浴乎沂 風乎舞雩 詠而歸]"

37) 차한: 자신을 낮추어 이르는 말.

새겨진 감동을 생전에는 감히 잊지 못할 것이며 가문에 대대로 전하는 보물로 삼겠습니다.

또 아드님의 시도 전아하고 청신한 것이 어찌 이렇게 격조가 높습니까? 그 부형 밑에서 실로 그러해야 마땅하겠지만, 전에는 알지 못한 것입니다. 좋은 자손만한 것이 없다고 했는데, 형은 걱정이 없다고 할 수 있습니다.

신암(莘岩) 이사문(李斯文)의 고아한 정취와 높은 품격은 익히 듣고 존경한 지 이미 오래 되었습니다만, 지금 이렇게 아름다운 글을 줄 줄은 몰랐습니다. 지극한 맑음이 우러러볼 만할 뿐만 아니라, 감사하는 마음이 진실로 깊습니다. 지금 답하는 인사를 써서 봉투에 넣어 동봉하니, 심부름꾼을 시켜 전해 주시기 바랍니다. 삼가 이만 줄이고 편지를 올립니다.

1925년 삼짇날[上巳] 제(弟) 김영훈(金永薰) 올림.

① 格之高也 父兄之下固應如

② 是疇昔之所未圖而莫如好子

③ 孫 令兄可謂無憂也莘岩

④ 李斯文雅致高風飽聞景

⑤ 仰業已久矣不料今者有此注

⑥ 惠華章非徒清絶可仰感

⑦ 荷良深玆修謝儀一袋胎呈

⑧ 幸須使將命者傳致爲希肅

⑨ 此不戢上

⑩ 乙丑 上巳 弟 金永薫 拜首

去月 惠書尚此稽謝自訟遄

慢卽茲春曷暢和不審

節亦令體連護珍重 庇下諸

兄令體連護珍重 庇下諸

浴卓志想不爽點也之與

也既庸仰頌旋切健羨弟

老大之懷窮廬之歎冒

集擾惱無以裁遣有何

可稱繦也俯存十一疊瓊章

四闌長調一幅圖籍篇篇奉

讀悅若披雲睹天爽朗快

活塵世鄙吝消盡無些

兒點至若緒言道得此漢

實題迥出尋常亦不無警

惺若非愛之深德之厚烏

野牛本性耐鞭不起何

哉一一粧帖揭之典之非但

爲世上天下莫重之珍貴節節

銘感此生前未敢忘也永以爲

微門傳世寶等也且 令允

盛什典雅清神何若是其

20. 이헌설(李憲卨)

秋氣日緊 月色漸清 中宵彷徨 慕仰惓惓 晷刻難忘 伏惟比凉 令體候萬寧 胤友安侍 覃節匀迪否 伏溯區區 無任下忱之至 下生旅遣一依而 日昨愚谷兄專訪於羇窓涔寂中 終宵穩叙 仍賦數篇詩 萍水奇緣 何感如之哉 間爲門徒勸勉 有所賦三十韻 故玆以蕪呈 一一鑑正 斤教伏希 幾日後將欲尋山相候計 故略此不備上候書

八月旬日 下生 李憲卨白

가을 기운이 날로 오싹하고 달빛이 점점 맑아 밤중에 방황하니, 그리움이 간절하여 잠시도 잊을 수가 없습니다. 요즘 서늘한 날씨에 영감의 안부가 평안하시며, 아드님도 곁에서 잘 모시며, 집안도 두루 잘 지내는지요? 궁금하여 지극한 정성을 감당할 수 없습니다.

저는 객지생활이 여전합니다.

어제는 객지생활로 적적하던 중에 우곡(愚谷) 형이 홀로 방문하여 밤새 이야기하며 시 몇 편을 지었습니다. 객지에서 만난 기이한 인연이니, 그만한 감회가 어디 있겠습니까?

그동안 문도(門徒)의 권장으로 지은 시가 30수 있어서 졸렬하지만 지금 보내드리니, 하나하나 읽어 보고 바로잡아 가르쳐 주시기 바랍니다.

며칠 후 산을 찾아 인사드리려 하기 때문에 이만 줄이고 편지를 올립니다.

8월 10일 하생(下生) 이헌설(李憲卨) 사룀[白].

秋氣日緊月色漸淸中宵彷徨
慕仰惓惓暑刻難忘伏惟比
涼
　令體候萬寧　胤友安侍覃
節匀迪否伏溯區區無任下忱
之至下生旅遣一依而日昨愚谷
兄專訪於羈窓洴寂中終宵
穩叙仍賦數篇詩萍水奇緣
何感如之哉間爲門徒勸勉有
所賦三十韻故玆以蕪呈一一
鑑正　斤教伏希幾日後將
欲尋山相候計故略此不備
上候書

　　八月旬日　下生　李憲嵩白

21. 김상수(金商洙)

頃間遭製 聞不勝驚愕 尊仲氏丈 暮境叩盆之痛 尤有所難抑矣 是庸獻慮 倘或際
此 果有洛駕歟 伏詢歲色垂窮 令體節持服萬旺 胤友安侍善課 伏切願聞 生劣依
前狀而 乳孫近以毒感五六日苦痛 今纔免危 蘇復渺期 良憐良憐 拜晤誠無其梯
蘊結懷緒 有倍他時 只自翹首南望而耳 餘不備謹慰狀
　　己 陰臘月 十八日 世下生 金商洙 二拜

지난번 상을 당하셨다고 들으니, 경악을 금치 못하겠습니다. 존 중씨 장(尊仲氏丈)³⁸께서 상처[叩盆]하신
슬픔은 더욱 억제하기 어려울 것 같아 걱정이 됩니다. 혹 이러한 때에도 과연 서울 행차를 하시겠습니까?

한 해가 저물어 가는데 상중에 안부가 평안하시며, 아드님도 잘 모시며 공부 열심히 하는지요? 몹시 궁금
합니다.

저는 여전히 졸렬한 모습 그대로이지만, 젖먹이 손자가 최근 독감으로 오륙 일 앓다가 이제 겨우 위급함은
면했으나, 회복은 아득하여 정말 가련합니다.

실로 뵐 길이 없어 쌓여 뭉친 회포가 다른 때의 두 배나 되어, 단지 혼자 고개를 들어 남쪽을 바라볼 뿐
입니다. 나머지 사연은 이만 줄이고 삼가 위문 편지를 올립니다.

기○년 음력 12월 18일 세하생(世下生) 김상수(金商洙) 올림.

鶴寺留期未振衣	동학사에 기약 남겼건만 훌쩍 떠나지 못하고
岩阿寂寂獨關扉	산굽이에 사립문 닫고 홀로 쓸쓸하니
勝地山川難復見	명승지의 경치 다시 보기 어렵고
良辰楓菊易虛歸	좋은 철 단풍과 국화 그냥 헛되이 보내네
於心有愧應由是	마음에 부끄러움이 있는 것은 이 때문이리라
每事多魔肯餙非	매사에 마귀가 많은데 어찌 그릇됨을 꾸미랴
遲遲一枕頻驚夢	지리한 잠자리에 자주 꿈을 깨니
霽月有霜夜色微	개인 달에 서리 내려 밤빛이 희미하네

---

38) 존 중씨 장: 상대방의 중씨를 높여 이르는 말.

次從叔家梅花韻   종숙 집의 매화시에 차운하다

短短松籬小小廬   낮고 낮은 소나무 울타리에 작고 작은 오두막
寒梅欲發歎全疎   한매가 피려 하는데 너무 성글어 아쉽구나
月色偏憐深夜際   달빛이 너무 사랑스런 깊은 밤
雪威輕侮大冬餘   눈의 위세를 깔보는 한겨울 끝에
與吾閒處將模畵   나와 더불어 한가하게 그림을 그리려고
邀客堪誇急走書   객을 불러 자랑할 만하여 급히 편지를 보내네
百花頭上春先到   온갖 꽃 머리 위에 봄이 먼저 이르니
持世淸高此莫如   세상의 맑음과 고아함에 이만한 것이 어디 있으랴

❶
鶴寺留期未振衣
岩阿寂寂獨關扉
勝地山川難復見
良辰楓菊易虛歸

❷
於心有愧應由是
每事多魔肯餂非
遲遲一枕頻驚夢
霽月有霜夜色微

❸
次從叔家梅花韻
短短松籬小小廬
寒梅欲發歎全疎
月色偏憐深夜際
雪威輕侮大冬餘

❹
與吾閒處將模畫
邀客堪誇急走書
百花頭上春先到
持世清高此莫如

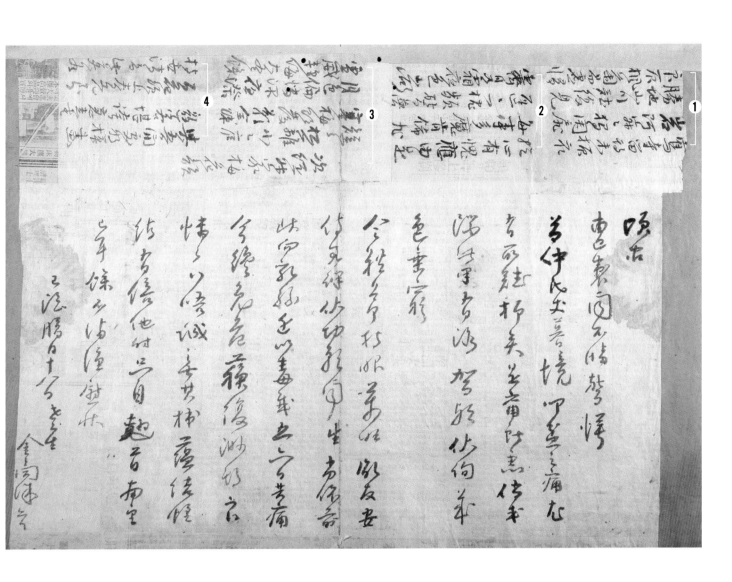

頃間

遭製聞不勝驚愕

尊仲氏丈暮境叩盆之痛尤

有所難抑矣是庸獻慮倘或

際此果有洛駕歟伏詢歲

色垂窮

令體節持服萬旺胤友安

侍善課伏切願聞生劣依前

狀而乳孫近以毒感五六日苦痛

今纔免危蘇復渺期良

憐良憐拜晤誠無其梯蘊結懷

緒有倍他時只自翹首南望

而耳餘不備謹慰狀

己 陰臘月 十八日 世下生 金商洙 二拜

22. 손창근(孫彰根)

郵便兩次下書 昨日奉讀 而伏未審日間氣體候萬安 大監宅諸節萬康 伏慕區區無任
下忱之至 侍生眠食如昨 伏幸 就伏白 八月分金燕庚便上書及 錢一萬四千兩 以
上納次上送矣 今者下書中 竟無此條之敎 伏悶伏悶 姜尹兩條尺文 尙未推納云
是何故而 事當卽上京伏計 然而此處又有大相關事 竟未遂誠 姜尹兩處 以尺文事
措辭書煩一邊 念間專肆委人伏計 伊時庚子尺文 欲爲推去伏計耳 上納今月晦 期
欲淸帳伏計矣 以此下燭 伏望伏望 姜尹兩處尺文 爲不爲卽下示 伏望伏望 餘不
備 伏惟下鑑 上書

　　壬寅 九月 初八日 侍生 孫彰根 上書

　우편으로 두 차례 보내신 편지를 어제 읽었습니다. 일간 안부가 평안하시며, 대감댁의 여러 안부도 안녕하신지요? 궁금하여 지극한 저의 정성을 감당할 수 없습니다.

　저는 먹고 자는 것이 여전하여 다행입니다.

　다름 아니라, 8월분으로 상납하도록 김연경(金燕庚) 편에 편지와 돈 1만 4천 냥을 올려 보냈습니다. 지금 보내신 두 편지 중에 이것에 관한 언급이 끝내 없어, 몹시 걱정스럽습니다. 강(姜), 윤(尹)의 두 자문(尺文)[39] 도 아직 추납(推納: 찾아서 바침)하지 않았다고 하는데, 이것은 무슨 까닭입니까? 일의 형편으로 볼 때는 즉시 상경해야 마땅하지만, 이곳에도 크게 관련된 일이 있어 결국 뜻대로 하지 못했습니다. 강, 윤 두 곳에는 자문 일로 사연을 써서 편지를 보내는 한편, 20일 쯤에는 전적으로 이 일을 처리하도록 사람을 위임할 계획입니다. 그때 경자년(1900) 자문도 받아갈 계획입니다. 상납(上納)은 이 달 그믐에 기어코 깨끗이 청산할[淸帳] 계획입니다. 그렇게 아시기 바랍니다. 강, 윤 두 곳의 자문은 받든 안 받든 즉시 알려 주시기 바랍니다.

　나머지 사연은 이만 줄이니, 헤아리시기 바라며 편지를 올립니다.

　1902년 9월 8일 시생(侍生) 손창근(孫彰根)[40] 올림.

---

39) 자문: 조세, 부과금, 수수료를 받고 교부하는 영수증.

40) 손창근: 1903년 중추원의관에 임명되었다가 의원면직되었다.

郵便兩次 下書昨日奉讀而伏
未審日間
氣體候萬安
大監宅諸節萬康伏慕區區無
任下忱之至侍生眠食如昨伏幸
就伏白八月分金燕庚便上書及錢
一萬四千兩以上納次上送矣今者
下書中竟無此條之敎伏悶伏悶
姜尹兩條尺文尙未推納云是
何故而事當卽上京伏計然而此
處又有大相關事竟未遂誠姜
尹兩處 以尺文事措辭書煩一邊
念間專肆委人伏計伊時庚子尺
文欲爲推去伏計耳上納今月
晦期欲淸帳伏計矣以此
下燭伏望伏望姜尹兩處尺文爲不
爲卽下示伏望伏望餘不備伏惟
下鑑 上書
　　　壬寅 九月 初八日 侍生 孫彰根 上書

23. 이헌설(李憲喬)

尺地阻候　幾至一週日　悵慕曷勝　仄伏聞比來氣候　以感患兼之瀉症　多日欠寧　伏
切悶慮滿萬　連進藥餌　漸臻平復之效否　繼庸獻祝之至　下生非徒身家以感嗽累日
苦叫度耳　隣室痛臥　左顧右眄苦悶愁悶　不足枚達耳　餘爲探近候　并祈天和　漏萬
略白
　　　上元日　下生　李憲喬白
昨夜山中頃刻花　千樹萬樹枝枝着　如此佳節如此佳景　伏枕吟病　虛送浪費　豈不爲
詩家一大欠事耶　咄歎無已者耳

지척 간에 소식이 끊긴 지 거의 일주일이나 되니, 서글픔과 그리움을 어찌 감당할 수 있겠습니까?

얼핏 들으니, 요즘 감기와 설사병으로 여러 날 편찮다고 하여, 걱정스럽기 그지없습니다. 계속 약을 드시고 효험을 보아 점점 회복되시는지요? 끊임없이 축원합니다.

저는 자신과 집안이 모두 감기로 여러 날 신음했을 뿐 아니라 이웃집도 앓아 누워 이쪽저쪽을 살피느라 몹시 괴롭고 근심스러울 뿐, 달리 말씀드릴 만한 일은 없습니다.

이렇게 근자의 안부를 묻고 아울러 쾌차하시기를 기원하며, 나머지 사연은 이만 줄이고 편지를 올립니다.

　　정월 초하루 하생(下生) 이헌설(李憲喬) 올림.

어젯밤 산중에 눈 깜짝할 사이에 수많은 나무에 꽃이 피었습니다. 이렇게 좋은 계절과 이렇게 아름다운 경치를 병으로 누워 신음하며 헛되이 낭비하는 것이, 어찌 시인에게 하나의 큰 유감스런 일이 아니겠습니까? 개탄스럽기 그지없을 뿐입니다.

尺地阻 候幾至一週日悵
慕曷勝仄伏聞比來
氣候以感患兼之瀉症多
日欠寧伏切悶慮滿萬連
進藥餌漸臻平復
之效否 繼庸獻祝之至下生
非徒身家以感嗽累日苦叫
度耳隣室痛臥左顧右
眄苦悶愁悶不足枚達耳
餘爲探近候并祈
天和漏萬略白

　　　上元日 下生 李憲崗白

❶ 昨夜山中頃刻花千樹
❷ 萬樹枝枝着如此佳節
❸ 如此佳景伏枕吟病盧
❹ 送浪費豈不爲詩家一大
❺ 欠事耶咄歎無已
❻ 者耳

24. 신태련(申泰璉)

翠陰詞伯斧鉞下

還鄕過歲 又至舊館 惠函留案 啓發慰沃 悚先於感 謹伏詢新蓂已盈枝 靖體蔓安

潭內大安 願副頌祝 奚翅晷頃 生歸看故栖之安而 昨又在旅爲依 幸私幸私 益切

喜主令之泰旺耳 仙庄十景 以其拙愚 不敢敷暢然 不避僭越 構拙呈上者 願承斤

正之敎矣 尙靳玉音 無乃是過獎之譽耶 還切悚汗而已 姑閣不備 上候

　　丁巳 元月 上元翌朝 生 申泰璉 二拜

취음(翠陰) 사백(詞伯)**41**의 도끼[부월(斧鉞)**42**] 아래

고향에 돌아가 과세(過歲: 설을 쇰)하고 또 구관(舊館: 원래 묵던 숙소)에 이르니, 보내신 편지가 책상 위에 기다리고 있습니다. 일깨우고 위로해 주신 데 대하여 죄송스러움이 고마움보다 앞섭니다.

새 명협(蓂莢) 잎이 가지에 이미 가득한데,**43** 정양 중에 건강하시며 집안 두루 평안한지요? 저의 송축에 부응하기를 바라는 마음을 어찌 잠시라도 놓은 적이 있겠습니까?

저는 돌아가 고향이 평안한 것을 보고 어제부터 또 여관에서 여전히 생활하여, 사적으로 다행입니다. 더욱 기쁜 것은 주인 영감[主令]이 아주 건강하신 것입니다.

선장(仙庄)**44**의 십경(十景: 열 가지 경치)을 제 졸렬한 시로 감히 시원하게 묘사할 수 없으나, 참람함을 무릅쓰고 지어 드린 것은 바로잡아 주시는 가르침을 받기 위해서였습니다. 그런데 오히려 말씀을 아끼시니, 이것은 지나치게 격려하고 칭찬하시는 것이 아닙니까? 도리어 황송하여 땀이 날 뿐입니다. 이만 줄이고 편지를 올립니다.

　　1917년 정월 초이틀 아침 생(生) 신태련(申泰璉) 올림.

---

41) 사백: 시인을 높여 이르는 말.

42) 부월: 자신의 시를 바로잡아 가르쳐 달라는 의미로 쓴 말이다.

43) 새 명협 …… 가득한데: 해가 바뀌었다는 말. 명협은 매월 초하루부터 보름까지는 잎이 하나씩 나고 16일부터 잎이 하나씩 떨어지는 풀로 달력을 상징한다.

44) 선장: 남의 농장을 높여 이른 말.

翠陰 詞伯 斧鉞下

還鄉過歲又至舊館惠函留案

啓發慰沃悚先於感謹伏詢新

蔇已盈枝

靖體蔓安潭內大安顧副頌祝

奚翅曷頃生歸看故栖之安而昨

又在旅爲依幸私幸私益切喜主令

之泰旺耳仙庄十景以其拙愚

不敢敷暢然不避僭越搆拙呈上

者願承斤正之教矣尙斲玉音

無乃是過獎之譽耶還切悚汗

而已姑閣不備上候

丁巳 元月 上元翌朝 生 申泰璉 二拜

25. 손병엽(孫秉燁)

謹伏詢比辰令體候一衛萬安 伏溱區區下忱之至 下生省役姑依 伏幸何達 就恐 証
明書草 去晦內已畢悋成而 其明確規則 李丙仁旣云詳知 且在病中未起 故姑停
而 外他刑吏亦未詳知樣 郡主事曹敏承且言如斯而 其草件亦置之于曹氏許矣 然而
下生尙今在家無日 故且遲耳 第俟李吏丙仁之起席 卽當悋成付上伏討 下燭勿慮
若何 賭條棉花時直 自秋至冬一般而 若二三月則 當似登高 然而此亦時勢則 卽
天時也 安敢預必哉 此彼條當隨機善處伏計耳 餘姑留不備上候函
　　丁之十二月 十二日 下生 孫秉燁 再拜狀上

　요즘 안부가 한결같이 평안하신지요? 궁금한 마음이 지극합니다. 저는 여전히 어른 모시고 일하여 다행일
뿐, 무슨 말씀 드릴 만한 일이 있겠습니까?

　다름 아니라, 증명서의 초본은 지난달 그믐 안에 이미 작성했으나, 그 명확한 규칙은 이병인(李丙仁)이 상
세히 안다고 이미 말씀드렸지만, 그가 지금 병석에서 일어나지 못하고 있어 일단 정지된 상태입니다. 그 밖
의 다른 형리(刑吏)는 양식을 상세히 알지 못한다고 군(郡) 주사(主事) 조민승(曹敏承)이 말해서, 그 초본을
조 씨에게 맡겨 두었던 것입니다. 그런데 제가 여태 집에 있은 날이 없어, 지연된 것입니다. 이병인이 일어나
기를 기다려 즉시 작성하여 부쳐드릴 계획이니, 그리 아시고 걱정하지 마시기 바랍니다.

　도조면화(賭條棉花)[45]의 시가[時直]는 가을부터 겨울까지는 같으나, 2~3월이 되면 오를 것 같습니다. 그러
나 이것 또한 시세, 즉 천시(天時: 운)입니다. 어찌 감히 반드시 그렇게 된다고 미리 말할 수 있겠습니까? 이
런 저런 조목은 기회를 보아 잘 처리할 계획입니다.

　나머지 사연은 이만 줄이고 편지를 올립니다.

　정○년 12월 12일 하생(下生) 손병엽(孫秉燁) 올림.

---

45) 도조면화: 도지(賭地)로 받은 면화. 즉 땅을 빌려 주고 지조(地租)로 받은 면화.

謹伏詢比辰

令體候一衛萬安伏溱區區下忱之

至下生省役姑依伏幸何達就恐

証明書草去晦內已畢恪成而其

明確規則李丙仁旣云詳知且在

病中未起故姑停而外他刑吏亦

未詳知樣郡主事曹敏承且

言如斯而其草件亦置之于曹氏

許矣然而下生尙今在家無日故且

遲耳第俟李吏丙仁之起席

卽當恪成付上伏計

下燭勿慮若何賭條棉花時直

自秋至冬一般而若二三月則當似

登高然而此亦時勢則卽天時也

安敢預必哉此彼條當隨機

善處伏計耳餘姑留不備上候

函

丁之十二月 十二日 下生 孫秉燁 再拜狀上

구한말 사대부들의 편지

발행일 | 1판 1쇄 2015년 1월 30일

엮   음 | 취음(翠陰) 권중면(權重冕)
역   주 | 하영휘(河永輝)
주   간 | 정재승
교   정 | 한복전
디자인 | 배경태
사   진 | 양현모, IL STUDIO
펴낸이 | 배규호
펴낸곳 | 책미래

출판등록 | 제2010-000289호
주   소 | 서울시 마포구 공덕동 463 현대하이엘 1728호
전   화 | 02-3471-8080
팩   스 | 02-6353-2383
이메일 | liveblue@hanmail.net

 ISBN 979-11-85134-22-2 93910

국립중앙도서관 출판시도서목록(CIP)

국립중앙도서관 출판예정도서목록(CIP)

구한말 사대부들의 편지 / 엮음: 권중면 ; 역주: 하영휘.
 ― 서울 : 책미래, 2015
    p. ;   cm

한자를 한글로 번역
ISBN 979-11-85134-22-2 93910 :   30000

편지 글[便紙―]
서간 문학[書簡文學]

816.5-KDC6
895.762-DDC23   CIP2015001449